エンジニアが学ぶ
生産管理システムの
「知識」と「技術」

石川 和幸

SHOEISHA

本書内容に関するお問い合わせについて

このたびは翔泳社の書籍をお買い上げいただき、誠にありがとうございます。弊社では、読者の皆様からのお問い合わせに適切に対応させていただくため、以下のガイドラインへのご協力をお願いいたしております。下記項目をお読みいただき、手順に従ってお問い合わせください。

●ご質問される前に

弊社Webサイトの「正誤表」をご参照ください。これまでに判明した正誤や追加情報を掲載しています。

正誤表　https://www.shoeisha.co.jp/book/errata/

●ご質問方法

弊社Webサイトの「刊行物Q&A」をご利用ください。

刊行物Q&A　https://www.shoeisha.co.jp/book/qa/

インターネットをご利用でない場合は、FAXまたは郵便にて、下記"翔泳社 愛読者サービスセンター"までお問い合わせください。
電話でのご質問は、お受けしておりません。

●回答について

回答は、ご質問いただいた手段によってご返事申し上げます。ご質問の内容によっては、回答に数日ないしはそれ以上の期間を要する場合があります。

●ご質問に際してのご注意

本書の対象を超えるもの、記述個所を特定されないもの、また読者固有の環境に起因するご質問等にはお答えできませんので、あらかじめご了承ください。

●郵便物送付先およびFAX番号

送付先住所　　〒160-0006　東京都新宿区舟町5
FAX番号　　　03-5362-3818
宛先　　　　　（株）翔泳社 愛読者サービスセンター

はじめに

多くの製造業で生産管理の再構築が必須に

　日本の製造業の生産における管理形態は複雑になってきています。製品の機能や製造方式が高度になって、原材料や部品が調達しにくくなり生産管理も難易度が上がっています。

　販売も調達もグローバルになり、モノの動きがダイナミックになりました。顧客からの要望は高くなる一方、製品の販売需要は急激に変動します。「作れば売れる時代」は今や遠い昔になりました。サプライヤーの供給力もそのときどきで変動し、調達のリードタイムも長期化しています。現場では人手不足とともに改善活動も限界にきています。トラックも不足しがちで、物流がボトルネックになっています。工場内外の組織との複雑な連携が要求された高度な管理技術が必要になっています。

　日本の製造業は、かつて世界トップの生産力を誇っていました。しかし、モノづくり、現場力などといって人に依存したままだった工場は、今、曲がり角に直面しています。採用難、人手不足もあり、人の管理に時間を割く余裕がありません。そのため、優秀な人材が育っておらず、熟練者は高齢化しています。現場主義で、人に依存した生産活動を続けていくのは、もはや限界に達しています。

　これからの時代、人に依存した生産活動ではなく、仕組みに立脚した生産活動をしなければ生き残ることが難しくなりました。そうした背景から、複雑化した生産活動を支えるためにも、老朽化し、限られた一部作業の支援しかできない旧式の生産管理システムの入れ替えは必須です。多くの製造業では、**生産管理システムの再構築**が大きなテーマになっています。

情報システムとテクノロジーも高度化

　情報システムもテクノロジーも、日進月歩で進化し、高度化しています。昔は1つひとつのシステム機能を丁寧に手作りしてきましたが、今はパッケージシステムが主流です。業務のかなりの範囲をカバーした統合パッケージがある一方で、一部の業務に特化した専用パッケージもあります。

　たくさんあるパッケージシステムのどれを選び、どのように統合すれば良いのかという知恵は外部からは提供されていません。パッケージの選択と統合・構築の活動は製造業者自身に任されているのです。

　とはいえ、製造業で過去に生産管理システムを構築した経験やスキル、考え方、方法論も製造業の内部でさえほとんど共有されていません。長い間、生産管理システムは企業内の一部の人だけで構築・運用されてきたため、社内でさえシステム構築の知恵が共有されていないのです。

　本書を書くきっかけは、私がいくつもの会社に呼ばれてシステム構築を支援する過程で、生産管理システムの再構築を手掛けるようになり、そこで多くの課題を感じたことです。生産管理システムの構築のためには、生産管理をフレームワーク化して、業務プロセスを中心に機能を考えなければならないといけないという認識に至ったわけです。そのため、本書では、できるだけ、**生産管理構築のためのフレームワークと業務プロセス**について解説することを目指しました。

　テクノロジーも進化し、IoTセンサー、クラウドコンピューティング、ビッグデータ解析などが進展してきています。しかし、現代は、売り手側の売るためのイメージ先行で紹介が進むだけで、実際のところ最新テクノロジーをどのように製造現場に導入し、全体を組み上げれば管理のレベルが向上するのか、といったことは曖昧なままです。

　いくらパッケージ化が進んだとはいえ、すべての機能を1つのパッケージシステムで実現することはできません。また、製造品目の特性、設備特性、顧客やサプライヤーとの関係性、生産方式の違いなどにより、パッケージシステムがそのまま適合する保証もなく、簡単に導入はでき

ないのです。

IoTなどのテクノロジーも単体で導入しただけではほとんど役に立ちません。ごく一部の作業が効率化したり、高度化したりしたとしても、全体に与える効果がほとんどなく、かえって周辺業務の対応工数や管理工数が増え、運用・維持に莫大なコストがかかる、という本末転倒な状況が発生しかねません。

生産管理システムの再構築には業務プロセスの知識が必須

生産管理システムの導入は、複雑で難易度の高い仕事です。生産活動自体が複雑で、さまざまな階層を持っています。いくつもの組織の連携と時間軸が絡む複雑な業務で成り立っているのです。こうした複雑性を読み解き、適切なシステム機能を明らかにしていかなければなりません。

したがって、生産管理システムの構築では、業務プロセスの知識が必須です。生産管理がどのような機能の連携で成り立っているのかを理解しないで、生産管理システムの構築はできないのです。

残念なことに生産管理を総合的に説明した書籍は少なく、全体像をつかんでいる人も多くはありません。また、日本で理解されている生産管理は範囲が狭く、曖昧で、体系立てて理解されていません。

現場力を活かした製造・工程管理を生産管理と混同し、作業改善や指示と実績管理ばかりを追って、生産活動全体の統制に目が向いていないため、生産計画や資材所要量計算、能力計画、原価管理などのマネジメントに関わる業務知見も整理されていません。

私たちは、改めて、**生産活動に関わる全体のプロセスを把握し、全体像を知りながら、組織・機能を横断して業務プロセスを設計しなければならない**のです。その上で、**必要なシステム機能を明らかにし、各システムの機能とデータ連携を統合的に設計する力を身に付けなければならない**のです。

人頼みの現場判断だけで適切なモノづくりはもうできません。生産管理を仕組み化し、システムとルールによって正確な指示を行い、指示に従った作業を「誰にでもできる」ようにしなければなりません。

生産管理業務をひもとき、システム化できるエンジニアが必要

　生産活動を取り巻く環境はどんどん複雑になっています。**生産活動を工場経営レベルから現場の1つひとつの作業レベルまで統合できる仕組みが必要です。**

　エンジニアには、生産に関するマネジメントへの理解、製造・工程管理への理解、本社と工場の情報ネットワークや製造設備とIoTセンサーなどのテクノロジーへの理解も求められます。本社、生産管理、現場作業の連携を適切に行える生産管理システムを導入するスキルと知識、経験が求められています。

　企業競争力に貢献する生産管理システムは、現場作業の効率化にとどまらず、ヒト・モノ・カネの管理が適切にできるシステム機能を実現しなければなりません。変化が激しい昨今では、分析し、先読みし、俊敏な対応ができるシステムが必要です。

　組織の壁も問題になります。多くの企業の生産活動は部門が縦割りになっているため、組織間の連携を理解している人も少なくなりました。組織が違うと、お互いが何をしているのかがわからなくなってしまっているのです。

　部門間を連携した生産管理システムを作り、競争力のある生産管理を築き上げるためには、システムを導入するエンジニアがリードしなければなりません。エンジニアは生産活動の大局観を持った上で、システム導入を行っていくことが求められています。個別最適で、些末な要件を聞いて画面を作り、プログラムテストレベルで仕事が済む時代は終わっています。

　製造業のビジネス要求を満たすためには、生産活動の流れを理解し、機能を明確化し、要件を定義しなければなりません。詳細設計やプログラムレベルではなく、業務設計と機能要件の定義するスキルが必要になります。エンジニアは、それだけのスキルと経験を要求される一方で、プロフェッショナルとして仕事を推進する重要な役割を担っているのです。

生産管理は収益性・永続性を支える経営管理支援のシステム

　本書は、エンジニアが生産管理システムを構築する際に、生産管理の全体像と生産管理システムで持つべき機能、周辺システムとテクノロジーの関係性を明確化できるフレームワークを提供しています。

　企業の競争力に貢献するための生産管理システム導入を可能にする項目を可能な限り盛り込みました。

　第1章では、**製造業が直面する大きな変化と生産管理システムの再構築の必要性**について解説しています。生産管理が企業の永続性と競争力強化にとって、重要になってきていることがわかるでしょう。

　第2章では**生産管理とは何か**を説明しています。生産管理とはモノづくりの現場作業に関する仕事だけでなく、顧客や営業との連携、ヒト・モノ・カネに関わる意思決定と、将来のリスクや需要変動に対する先読みした計画と意思決定を含む経営的なマネジメント活動を含むことが理解できるでしょう。

　第3章では生産管理の機能に対し、**「生産マネジメント」という機能の分類を定義**しています。生産活動を業績と連動させてマネジメントする機能として、計画業務の重要性を説いています。「生産マネジメント」は、生産管理が現場での作業管理に埋没することを避け、生産管理の仕事が生産活動上の会社業績に対する計画的意思決定であることを再確認しているのです。

　第4章では、**現場作業、製造・工程を管理するための指示と統制の機能**を概説しています。日本の製造業が得意とされていた部分ですが、残念ながら人に依存してきたために脆弱化してきています。「製造・工程管理」をシステム化し、誰がやっても同じ作業ができるようにする製造実行システムのために必要なプロセスと機能を解説します。

　第5章では**原価管理**を解説します。生産管理に関する書籍の多くは、原価管理について触れられていません。しかし、計画、指示・実行に対し、原価管理ができなければ生産活動の"PDC"サイクル（76ページ）が回っているとはいえません。本書では、原価管理の機能を解説し、生

産管理システムの構築に不可分である原価管理のシステムに関する重要性に触れます。

第6章は**生産管理としての管理指標**の概説をします。原価管理とともに現場管理のために必要となる管理指標を紹介し、かつ「生産マネジメント」に必要な管理指標の紹介と「見える化」システム構築のポイントを説明します。

第7章では**最近のテクノロジー**について触れます。IoTの進展は、今後生産管理の領域に大きな影響をもたらします。しかし、真新しいツールに無批判に飛びつくことは失敗のもとです。テクノロジーも見極めが必要なのです。

第8章では**生産管理システムの導入成功のステップ**を解説します。王道のステップと注意すべきポイントを記述します。

生産活動は日々高度化し、複雑になり、テクノロジーの影響を受けます。生産活動は単にモノを作るといった"作業"ではなく、企業の収益性と永続性を担保する"マネジメント"機能に進化を続けています。

本書が、生産管理を高度な"マネジメント"機能として捉え、原材料から顧客に製品を届けるところまでの仕事の流れを視野に入れて改革・改善し、システム導入をしていく方々に貢献することを願います。

第1章 製造業に大きな変革の波が押し寄せている

第 2 章 生産管理とは何か?

第 3 章 生産管理業務と関連システム(1)生産マネジメント

第 **4** 章

生産管理業務と関連システム（2）
製造・工程管理

第 **5** 章
生産管理業務と関連システム（3）原価管理

第 **6** 章 ｜ KPI管理と可視化システム

第 **7** 章 ｜ 生産管理におけるビジネスとテクノロジーの潮流

第 **8** 章 | # 生産管理システムを導入する成功のステップ

読者特典ダウンロードのご案内

読者の皆様に「生産管理用語集」をプレゼントいたします。
以下のサイトからダウンロードして入手してください。

https://www.shoeisha.co.jp/book/present/9784798162676

※特典データのファイルは圧縮されています。ダウンロードしたファイルをダブルクリックすると、ファイルが解凍され、ご利用いただけるようになります。

●注意

※特典データのダウンロードには、SHOEISHA iD（翔泳社が運営する無料の会員制度）への会員登録が必要です。詳しくは、Webサイトをご覧ください。

※特典データに関する権利は著者および株式会社翔泳社が所有しています。許可なく配布したり、Webサイトに転載することはできません。

※特典データの提供は予告なく終了することがあります。あらかじめご了承ください。

●免責事項

※特典データの記載内容は、2021年3月1日現在の法令等に基づいています。

※特典データに記載されたURL等は予告なく変更される場合があります。

※特典データの提供にあたっては正確な記述につとめましたが、著者や出版社などのいずれも、その内容に対してなんらかの保証をするものではなく、内容やサンプルに基づくいかなる運用結果に関してもいっさいの責任を負いません。

第 **1** 章

製造業に大きな変革の波が押し寄せている

作れば売れる時代の考えでは
工場はマネジメントできない

大量生産時代の生産管理では時代に対応できない

いまだに大量生産時代の現場QCD管理方法しか持たないのが実態

作れば売れる時代の管理は単純でした。**生産性指標**と**品質指標**を中心に管理し、設備の稼働率を上げる、時間当たりで出来高を上げる、良品率を上げるといった対応を行えば良かったからです。

週に1度や月に1度のサイクルで、生産した実績として集計された結果指標さえ管理していれば、生産がうまくいっているかどうかがわかりました。同じ製品を長時間かけて作るので、労働者の人数や労働時間、生産性を測定し、その結果を見てから改善しても、サイクルとしては十分ですし、測定と対策に時間がかかっても改善の効果はあったのです。

作れば売れる時代の管理でもう1つ大切だったのは、**納期管理**です。この場合の納期は、生産計画に対する生産実績の対計画納期遵守、サプライヤーの納入納期遵守を指していました。こちらも結果を管理して、改善アクションを行います。

生産性の管理指標は、コスト管理をするための現場管理の指標です。生産性が上がればコストが下がるというわけです。良品率は品質指標、出来高による計画遵守は生産の納期遵守を表現する指標です。こうした指標は**QCD**（Q：Quality［品質］、C：Cost［コスト］、D：Delivery［納期］）**管理**といわれます。QCD管理は、現場指標として人の手をかけて行われています。

しかし、作れば売れる時代は終わりました。当時の管理手法や管理指標だけでは、かえって会社を弱くする事態が生じたのです。変化が激しい現在の状況に適応し、より高度な管理と適切な管理指標を作り上げないと競争力を失ってしまうのです。

生産性指標を最大化するだけでは、かえってコストが悪化する

　私の知る製造業の例です。この製造業は、顧客企業にとって材料になる製品を製造しています。いわゆる産業材を作る製造業です。自社の製造形態は、原料を仕入れ、材料を前工程で製造し、その材料を顧客の要求に合わせて顧客仕様の製品にするのです。

　顧客仕様にする工程は単純で、人の手による加工作業です。加工作業の工程で使う材料は前工程の巨大設備で作ります。この設備は初期コスト・運用コストがかかるため、設備を最大稼働すれば、効率が良く、利益が生み出せる仕組みとされてきました。

　少品種大量生産の時代は、前工程の設備稼働を最大化すれば儲けが生まれていたのです。そのため、世の中が多品種少量生産に変わっても、相変わらず前工程の稼働率最大化を目指して生産を行っていました。顧客需要や在庫はいったん無視し、前工程設備の最大稼働を行うために予算を作り、予算通りに設備を稼働させます。

　設備稼働は常に90％を維持する高稼働ぶりです。その結果、使われな

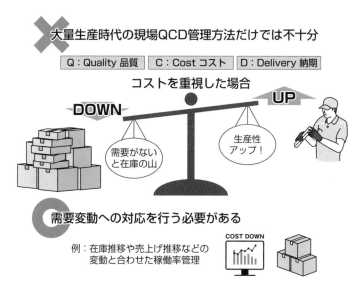

◆作れば売れる時代の終焉

3

い材料の在庫が倉庫にあふれました。顧客の要求に合わない材料であったため、顧客の要望にも応えられず、売上げも落ちていきました。

この企業は設備稼働だけでなく、材料の在庫推移や売上げ推移などの変動と合わせた**稼働率管理**を行うべきだったのですが、在庫と売上げを連動させた管理は行われませんでした。生産性さえ上げていれば利益が出るのが当然だと思い込んでいたからです。在庫滞留、廃棄、売上げ減少という流れで、かえってコストが悪化し、売上げ利益を悪化させたのです。目指すべきは盲目的な設備フル稼働ではなく、計画的な稼働目標設定と制御を行い、コスト最適化と無駄の排除が両立できる生産マネジメントとコントロールをすることだったのです。

販売・生産とも少量多品種になり、生産管理の難易度が上がった

21世紀にもなって、まさかこんな製造業は存在しないと思うでしょう。しかし、実体は、いまだにたくさん存在しているのです。旧態依然とした管理が今も行われ、ビジネスの変化に対応できていない製造業が数多く存在しています。

QCDに代表される旧来指標だけ管理すれば工場利益が保証された時代は、とうに終わっています。もちろん、結果を管理するQCD管理は基本ですから大切ですが、それだけではまったく足りないのです。

現在は、需要変動への適切な対応が求められています。在庫コントロール力も必要です。多品種少量向けの計画立案をして、調達難易度が上がった部材を工夫して手に入れなければなりません。それだけ管理すべき範囲が広がり、管理の難易度が上がっているのです。

作れば売れる時代によって、現場管理だけきちんと行えば利益が上がると思い込んでしまっているようでは現場管理に埋没してしまいます。結果的に、環境の変化によって必要になった高度な生産管理が構築されなかったのです。

作れば売れる時代の生産管理では、現在の日本の製造業に必要な生産管理は行えません。生産活動を全社的な視点で、マネジメント機能として管理していくことが求められています。少量多品種化し、変動が激し

く、生産が高度化し、調達難易度が上がった現在に必要な生産管理を再構築しなければならないのです。

▎現場管理ではなく、計画的で先読みした生産マネジメントへの変革

日本の製造業は現場が強く、現場がしっかりしていれば利益を出すことができた時代が続いたため、現場管理レベルの高さが称賛されてきました。「**現場、現実、現物**」という言葉も生まれ、製造現場で起きている現実を、現物を見ながら検証することで、改善を重ね、世界でも称賛される生産性を達成してきました。

カイゼン（KAIZEN）という言葉は世界共通語になりました。システムなどにお金をかけず、人の手をかけて低コストに生産を行うことも「**リーン生産方式**」といわれ、称賛され、模倣されてきたのです。

しかし、現場管理にばかり目を奪われ、システムにお金をかけずに人の手に依存することをあまりに肯定したため、**日本の製造業は現場作業の標準化はできたものの、現場作業以外の管理業務の標準化や、システム化が遅れました。**

結果を管理するのではなく、先々の自社の販売計画の変動や計画の変動に影響を与える販売動向や原材料の調達状況を迅速に把握し、先読みによる計画変更や指示の変更が柔軟に行え、確実な売上げと在庫リスクのコントロール、製造コストのコントロールができるマネジメントシステムが必要になってきています。生産管理は、現場管理だけでなく、会社の収益を最大化する計画的で先読みした生産をマネジメントする仕組みへの変革が求められているのです。

人に依存したモノづくり志向では日本の工場はもたない

手作業の生産管理・表計算生産管理では管理レベルが上がらない

生産管理に必要な業務は、ほぼ手作業で行われている

　最近の工場は機械化が進み、製造も監視も機械やコンピュータで行っていて、相当に合理化が進んでいると思うかもしれません。しかし、実態はそうではないのです。

　たしかに、設備のいくつかは機械化されていますが、自動化の対象は一部に過ぎません。機械化がされているのは、包装など単純な繰り返し作業が行われる工程、またはタンクや反応器、釜などの生産する人間が入り込めない工程、後は搬送機器などです。もちろん、加工設備も組立装置も大部分が機械化されています。

　一方、こうした設備を動かすための指示はどこからくるのでしょうか。ほとんどの場合、人がつないでいます。生産計画を人が立案し、その指示を紙で現場に渡します。現場では生産順序を人の手で決め、必要な部材を人が判断してとりに行き、機械の段取りを行い、製造を開始します。

　生産の実績は機械制御盤に表示されることもありますが、その数字は人の手で紙に書き写されます。処理数、仕損（不良）数、稼働時間、段取り時間、設備停止時間、停止理由などの実績も紙に書きます。

　投入した在庫数量や、出来上がった品目の入庫在庫数、発注されて入庫された購入部材と数量、現場に払い出された部材と数量も手で台帳に記入し、残高を更新します。

　生産の実績や購買入庫の実績は紙で集められて、生産管理部や購買部に送られ、次の生産計画や発注計算に使われます。生産計画も、発注数量の計算も表計算ソフトに実績を入力し、表計算ソフトで人が計算します。

　このように、**管理に関わる業務にはシステムと呼ばれそうなものがほと**

んど登場しないのです。登場するのは紙と表計算ソフトぐらいです。仮にシステムと呼ばれるものが登場するとすれば、発注の際の伝票出力のためとか、在庫や生産実績を登録しておくための台帳のような機能として登場する程度です。

　もちろん、生産管理の基幹システムが導入されている企業も多くあります。しかし、大半の企業では生産計画や指示、実績収集は人の手に頼っていて、システムはあくまで一部の計算処理と実績登録、伝票発行に使われるだけです。生産管理業務のほとんどは、紙と表計算ソフトを使って人の手で行われているケースがかなりあるのです。

人依存のためサイクルが遅い・長い、人の"質"に左右される

　計画、指示、実績収集、実績のフィードバックが**人に依存しているので、実績収集とデータのチェックに時間がかかります**。もちろん現場でのトラブルには対応しますが、生産実績や稼働率、設備の停止理由が生産管理部に上がってくるのは夜もしくは翌日とタイムラグがあります。下手をすると、週末や月末になることもあります。実績を人が収集するので、対応できる時間に制約があるのです。その日の作業がすべて終わった後に作業者や職長が実績を記入、収集するので、計画へのフィードバックはすぐ行われず、サイクルが遅くなるのです。

　作業指示や実績収集は人が行うので、その質が人のスキルや経験によって変わってきます。熟練者は高度な指示や実績の把握ができる一方、非熟練者では指示のレベルが下がったり、実績収集を間違ったりしてしまいます。指示や実績収集の質が人に依存しているので、スキルレベルに左右されるわけです。熟練者と非熟練者のスキルの差の開きが大きく、異動により人が代わると突然問題が生じることもあります。

　仕事の内容が属人化しているため、それまで何をしていたのかわからないことも一般的です。さらに、異動に伴い、異動した人が仕事を他部署に持っていってしまうこともあります。生産管理部門所属なのに工場経理の仕事をしているなど、部署と仕事が合っていない事態も起きているのです。

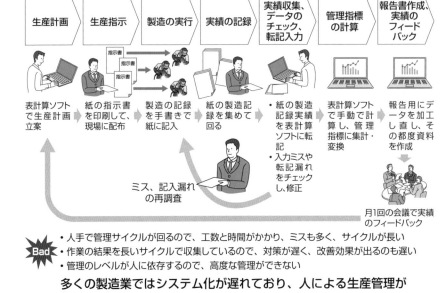

| 生産計画 | 生産指示 | 製造の実行 | 実績の記録 | 実績収集、データのチェック、転記入力 | 管理指標の計算 | 報告書作成、実績のフィードバック |

表計算ソフトで生産計画立案 → 紙の指示書を印刷して、現場に配布 → 製造の記録を手書きで紙に記入 → 紙の製造記録を集めて回る → ・紙の製造記録実績を表計算ソフトに転記 ・入力ミスや転記漏れをチェックし、修正 → 表計算ソフトで手動で計算し、管理指標に集計・変換 → 報告用にデータを加工し直し、その都度資料を作成

ミス、記入漏れの再調査

月1回の会議で実績のフィードバック

Bad
- 人手で管理サイクルが回るので、工数と時間がかかり、ミスも多く、サイクルが長い
- 作業の結果を長いサイクルで収集しているので、対策が遅く、改善効果が出るのも遅い
- 管理のレベルが人に依存するので、高度な管理ができない

多くの製造業ではシステム化が遅れており、人による生産管理が行われている

◆手作業・表計算による生産管理

┃システム化が遅れる生産管理領域のシステム再構築が不可欠

　このように製造業の生産管理は、ほぼ人の手で行われているため、生産管理をシステム化することで、効率を上げ、かつ、質を上げる余地が莫大にあるのです。

　また、人の手でデータの収集、処理が行われているため、時間がかかります。スピードが求められる現代において、月次でしか管理のサイクルが回らないような遅い管理サイクルは致命的です。これでは、変化に追随できず、対応が後手に回ります。

　その上、人の手に頼るため、付加価値のないデータ収集、入力、チェックなどに人の工数が莫大にかかっています。生産管理業務がかえってコストを増大させることになっているのです。

　多くの工場の生産管理業務では、効率が悪く、管理のサイクルが遅く、無駄なコストがかかるといった望ましくない状況が長く続いています。

こうした状況をいつまでも放置しているわけにはいきません。**システム化が遅れている生産管理領域のシステムの導入・再構築が必要です。**

システムにはお金と人をかけて投資する

日本の製造業は現場管理を優先してきたため、人による管理を重視し、システムにお金をかけてきませんでした。工場がきれいになり、設備が最新鋭になっても、生産計画や現場への指示、実績の収集はいまだに紙を使うという状態です。実態を見ると、生産管理が紙と人の手で回っているということなのです。

生産設備にはお金を使っても、システムにお金を使うことを渋る会社がいまだにたくさんあります。製造現場は世界に冠たる効率化を実現しているのに、管理業務はまったく効率化されておらず、人が増える一方で、それでも残業、休日出勤が常態化しています。生産性は低下の一途です。

システムで情報が連携されないので、対応のスピードも遅くなります。途中で人がデータを加工しながら連携するのでミスも起きます。人手不足もあって、熟練者が減り、新人や派遣社員が増えました。仕事を覚え、自ら正しい判断をして業務を行う人によってバラツキのあるスキルや人のモラルにだけ頼る生産は困難になったのです。

仕事を標準化し、システム化することで、効率化し、ミスを減らし、熟練者でなくとも仕事ができるようにしなければなりません。そのためには、人に依存した生産管理を改め、システムで生産管理が回るようにしなければならないのです。システムにはお金をかけ、投資をしていかなければなりません。

生産管理は生産マネジメントと製造・工程管理を峻別

現場管理だけに頼らず、フレームワークを持ったマネジメントに

▌日本の製造業は現場管理に過度に依存し、マネジメントが手薄

　品質と生産性向上が大きな競争力になる時代には、現場を改善することで製造業は成長できました。そのため、現場改善こそが製造業の競争力だという思い込みが生じたように思います。

　それこそ改善手法は山のように生み出されました。現場改善を推進する小集団活動やQC活動が盛んになりました。今でも、改善活動報告会なるものを開催して、表彰している会社もあります。現場さえ、きちんと動いていれば、会社は安泰との意識が今も根強くあります。その挙句、現場管理だけがきちんとしていれば、管理しないことが管理であるなどといった極論まで生まれました。

　現場改善コンサルタントが今も存在し、工場長や作業者を叱り飛ばし、「絶え間なく改善しろ」と現場に檄を飛ばすのです。既に効果の薄くなった改善活動を無理やり進めている企業も散見されます。「乾いた雑巾」をさらに「絞ろう」というのです。

　もちろん、製造業の基礎体力として現場改善力はとても大切です。しかし、それだけでは十分ではありません。さらにいえば、現場改善を極端なレベルまで過度に推し進めて効果があったのは少品種大量生産時代の話です。作業を改善すれば、その効果が長く残ったからです。同じような製品を繰り返し大量に作れば良いので、部材の供給や人員確保についてもほとんど考える必要はありませんでした。各種の急な変動への対応や計画変更に備える準備を事前にしておく必要もなかったのです。

　今は少量多品種、需要変動が激しく、部材の供給に制約があり、人員確保も容易ではない難しい時代です。変化やリスク、制約条件をあまり考えずに済んだ時代、問題が起きても事後対応で十分だった時代は終わ

りました。その上、作業現場だけでは対応できないことがたくさん起きるようになったのです。

　たとえば、半導体や天然産品のような部品や原材料が手に入りにくいときに現場だけで何ができるでしょうか。製品の改廃が短期間に起き、急な生産中止、急な大量注文があったときに現場だけで何ができるでしょうか。優秀な現場の対応は必要ですが、それだけでは済まなくなりました。

　製造現場を超えた課題が増えたのです。そのため、会社組織としてどのように生産するのかを判断して手を打つマネジメントの仕事が必要になりました。

　現場改善ばかりに依存した製造業では、需要と供給の先読み、分析、組織や会社をまたいだリスク対応といった難しいかじ取りが必要になるマネジメント業務がうまく構築されません。いわれたものを、大量に、納期通りに、品質を維持して、効率良く繰り返し作っていれば良かった時代には必要のなかった緊張度の高い判断業務が必要になったのです。しかし、そうしたマネジメント業務は、現場改善に過度に依存した日本の多くの企業ではこれまで十分に構築されてきませんでした。

┃現場の改善や管理をいくら積み上げても生産管理にはならない

　現場の改善や管理は決められたことを決められた通りに実行することを約束するものです。しかし、決めること自体が大きく変動する時代では、何を、どう決めれば最適な生産ができるのかを考えることが重要になります。会社のかじ取りですから、現場対応の仕事ではないのです。

　たとえば、人を急には増やせない現場で、月100台を作るための人材しかいないのに、急に需要が200台にもなったら作ることはできません。計画の2倍も3倍もあるような注文がきたら、現場力だけではさばききれないということです。

　現場改善は、決められた枠内での結果管理になります。計画・指示に対して製造の進捗を図り、遅れや停滞があれば改善を行います。作業のやり方や工程の順序、機械の調整を行い、生産性を上げます。しかし、

11

現場の改善や管理をいくら頑張っても、現場への指示を下す生産計画や購買が混乱すれば、現場改善は吹っ飛んでしまうのです。

　現場管理をいくら積み上げても、生産計画や人員計画、購買活動がうまくいかなければ製造業としての成功はありません。生産管理が機能しないと、製造業と製造業を取り巻く状況への対応にはいきつかないのです。

┃生産マネジメントと製造・工程管理の機能を識別すべし

　日本では、「生産管理」という言葉にはいろいろな意味が含まれています。曖昧な概念のため、曖昧な業務の作り方になり、きれいに機能が定義されないのです。そのため、本書では生産管理に対する定義を明確にしたいと思います。

　本書では、曖昧だった生産管理を、**"生産マネジメント"** と **"製造・工程管理"** という機能に分けて、次ページの表のように定義します。

　製造・工程管理は現場作業の統制管理として業務機能を定義し、一段高い計画を立てる業務機能を生産マネジメントとして定義し直します。システム導入を行うためには、この識別が重要になります。なぜなら、各種システムはこの業務機能に適応して組み合わせていかないとおかしな機能配置になって、システム導入がうまくいかなくなるからです。

　また、現在のシステム導入においてはパッケージの適用が一般的で、

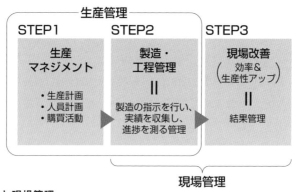

◆生産管理と現場管理

◆生産管理を "生産マネジメント機能" と "製造・工程管理機能" に分ける

業務機能	定義
生産マネジメント機能	生産を適正に成り立たせるために、ヒト・モノ・カネを計画的に準備し、未来の変動とリスク対応を行う計画、分析、調整、意思決定を伴う経営的（マネジメント）業務機能
製造・工程管理機能	生産マネジメントで準備されたヒト・モノ・カネを前提に、計画通りの製造活動を行い、QCDを遵守するための指示、統制、実行、進捗、実績追跡、現場発生事象対応、改善活動を行う作業統制業務機能

パッケージ導入する際、生産マネジメントと製造・工程管理を切り分けておかないと、無用な混乱を生むからです。

生産管理をフレームワーク化する

　生産管理に関しては、業務機能の全体構造とシステム適応をフレームワーク化する必要があります。工場での生産活動は複雑に階層化しています。工場外の**サプライチェーンマネジメント**（SCM）とも関連しています。生産マネジメントと製造・工程管理の関係性も複雑です。フレームワークを持たずに見ると、理解しにくいからです。

　生産管理のフレームワークとして、次のような整理をします。

（1）SCM機能

　需要に対応する計画業務機能で、販売計画・出荷計画、在庫計画、仕入計画・生産計画（生産要求としての生産要求計画）を立案する機能です。日本では一般的に**PSI計画**（PurchaseまたはProduction、SalesまたはShip、Inventory：仕販在計画もしくは生販在計画、2-3参照）と呼ばれます。

　販売計画の代わりに、需要予測や受注や内示を使う場合や商談情報を使う場合もあります。また、SCM計画は対象期間・立案サイクルに合わせて長期計画、年度計画、月次計画が立案されます。

　3年程度の計画は**長期計画**や**3カ年計画**と呼ばれます。1年程度は**年度計画**や**実行計画**、あるいは**年度予算計画**などと呼ばれます。数カ月から3カ月程度の計画は**月次計画**や**4半期計画**などと呼ばれます。

P	Purchase	Production
S	Sales／Ship	Sales／Ship
I	Inventory	Inventory
	仕販在計画	生販在計画

◆PSI計画とは？

（2）生産マネジメント機能

　SCM機能から生産要求計画を受けて、生産と調達の必要数量（**所要量**）を計算し、基準となる生産計画（**基準生産計画**、1-4参照）と調達計画を立てます。生産計画・調達計画ともに計画対象期間・立案サイクルに従って、長期生産・調達計画、年度生産・調達計画、月次生産・調達計画が立案されます。

　基本的に月次サイクルの生産・調達計画が、生産の指示、調達の指示のもととなる**製造指図**と**購買指図**を作る機能につながります。

　生産マネジメント機能では、数量だけでなく、生産計画を成り立たせるための能力計画を立案します。**能力計画**とは、設備稼働計画と人員計画です。能力計画も計画対象期間・立案サイクルに従って、長期能力計画、年度能力計画、月次能力計画が立案されます。長期能力計画は設備投資計画につながり、年度能力計画は設備投資実行、人員採用につながります。月次能力計画は作業シフト計画や稼働調整につながります。

　本書では、生産マネジメント機能に購買マネジメント機能を含めます。購買マネジメント機能には、サプライヤー選定や契約・価格管理を行う**購買契約管理**（Sourcing：ソーシング、2-5、3-5参照）と購買指図発行機能があります。

　また、製造・工程管理から上がってくる実績データをもとに原価計算を行う機能も本書では生産管理の機能に含めます。

（3）製造・工程管理機能

　製造・工程管理機能では、製造指図を受けて、詳細な工程展開や作業展開をし、続いて製造指示を行います。また、製造指示にもとづいて行われた製造の実績を収集し、指示と実績の管理を行います。このレイヤーはロット管理やトレーサビリティの管理を実現するレイヤーになります。倉庫資材管理や製品出荷倉庫管理、配車管理もこの層に含まれます。製造実行管理に関わる重要な層になります。

　工程展開を行う際に、工程の能力を考慮したり、個別設備を選択したりして、製造投入の適正な順序を作る計画を立案する機能を**小日程計画機能**と呼びます。この機能は、生産管理と製造・工程管理の間に位置しますが、機能としては製造・工程管理機能の一部として認識します。

　本書では、購買指図を受けた**発注管理**（Purchasing）を製造・工程管理に含めます。発注作業、発注残・入庫予定管理、納期調整、納入入庫受入れ、検収などの作業があり、これらの機能は製造を成り立たせる重要な機能にあたるからです。

　製造指示を受けて、現場に作業指示を流し、作業を統制し、実績を収集する機能は製造・工程管理機能です。通常は製造部や生産技術部門の管理層として認識されます。設備間のネットワークを引き、機器を制御・統制する仕組みと、機器制御盤やハンディーターミナル、タブレットに指示を表示し、製造実績を収集します。

（4）工場ITインフラ

　最下層は製造現場の通信ネットワークインフラになります。工場に物理的にケーブルを引く、無線LANを選ぶ、サーバーの設置またはクラウド活用などの選択があります。IoTの基盤となるツールやセンサーもこの領域に属します。

生産マネジメント機能・システム構築が重要

生産管理、製造・工程管理、設備インフラに適合したシステム機能配置

生産管理のフレームワークに対応するシステムの種類

前節の生産管理のフレームワークで示した機能をより詳細に確認します。各機能には、下表のようなさらに詳細化した機能があります。

◆生産管理の各システムと機能の詳細

生産管理のフレームワーク	詳細な機能
SCM機能	・本書では詳細記述の対象外
生産マネジメント機能	・生産計画（基準生産計画）・調達計画 ・製造指図・購買指図 ・購買契約管理（ソーシング） ・原価計算
製造・工程管理機能	・小日程計画 ・製造指示 ・実績収集・管理 ・発注管理 ・入庫予定管理、受入れ
工場ITインフラ	・実績データ取得 ・設備制御

こうした管理レイヤー（層）に対し、最適なアプリケーションとITツールがあります。**フレームワークの各階層には最適な仕組みがあり、その選択と組み合わせが適切に行われていれば、複雑なアドオンや追加開発の多くが不要になります。**逆に、フレームワークを持たず、積み上げ式の曖昧な業務定義に、不適切なシステム選択が重なると複雑なアドオンや追加開発が必要になり、開発期間とコストが膨らむ割に、機能が不十分で人の処理が介在しないと業務が回らないようなシステムになってしまいます。

人だけ集めて、手作りで業務を作り上げているような時代遅れのやり

方では、非効率で高コストな割に管理レベルが低く、属人化したシステムになります。生産管理のフレームワークをきちんと定義し、定義したレイヤーと機能に適合したシステムを選んでいくことが肝要です。それでは、各機能を支えるシステムについて見てみましょう。

（1）生産管理の入口となるSCM計画システム：SCP

　生産管理に連動するSCM機能において、生産要求計画を立案して生産マネジメントにつなぐ役割が**SCP**（Supply Chain Planner）と呼ばれるサプライチェーン計画システムです。SCPは需要予測機能、販売計画機能、在庫計画機能、生産要求計画機能、仕入計画機能を備えています。いわゆるPSI計画機能です。

（2）生産マネジメントを担う基幹システム：ERPと中心となるMRP

　SCPから生産要求計画を受け取り、生産活動の準備を行う計画と指示のもととなる指図を作る機能を持つのが**ERP**（Enterprise Resource Planning）と呼ばれるシステムです。生産要求計画を基準生産計画（**MPS**：Master Production Schedule）として定義し、構成品目の所要量展開（計算）を行います。

　MPSは、製品の生産に必要な数量、完成納期日を提示する計画です。たとえば、製品Aを100個、4月30日完成納期で作ってほしいという要求のことです。

　構成品目の**所要量展開**とは、製品を作るために必要な構成品目にあたる部品や原材料を、いつ、何個作る必要があるのかを計算することです。たとえば、製品Aを100個、4月30日に生産するためには、部品A1を4月28日に100個、部品A2を同じく4月28日に200個作る必要があると計算します。製品の構成品目となる部品や原材料の必要量＝**所要量**として計算するのです。

　所要量展開は、**MRP**（Material Requirement Planning）と呼ばれます。MRPの結果、構成品目の生産数量や購入数量と必要な納期日が計算され、指示として製造指図、購買指図が設定されます。

生産管理に関わるERPの中心機能はMRPです。MRPの所要量展開で指図が作られて、製造と購買発注の指示につながるからです。

一方、MRPは原価の集計をするためにも使われます。製造実績や納入実績によって指図が実行されたことが確認され、所要量展開とは逆に、構成品目を"下から上に"逆にたどって、仕掛品、製品へと実績原価を積み上げていき、**原価積算**を行います。

MRPは資材所要量計算、指図、実績集計と原価積算を行う機能を持ち、製造に関わるヒト・モノ・カネに関わる資源を管理するという意味で、生産管理の根幹を担うシステムなのです。

(3) 製造・工程管理を担う製造実行システム：MES

対応するパッケージシステムは**MES**（Manufacturing Execution System：製造実行システム）と呼ばれます。ERPから製造指図を受けて、工程展開を行い、製造指示を現場に落とします。

製造指示に落とす前に、製造順序計画や設備割り付けを計画する小日程計画を担うパッケージシステムが**スケジューラー**です。製造順序では段取りを最適にしたり、能力のひっ迫・空きを調整したりして最適化した計画を立案します。また、設備に汎用性がなく、品目と設備のつながりが明確な場合、設備単位での製造順序計画まで立案します。

製造順序計画付きの計画を取得して、MESで**SOP**（Standard of Procedure：**作業標準**）に適した製造指示を行います。SOPには、作業手順や、作業のスピード、締め付けのトルク、回転軸のスピード、温度などの製造条件が示され、作業を行う標準が示されています。MESで指示するにあたって、SOPが表示されていれば、作業が正しく行われるように統制ができるのです。

なお、資材管理を行う倉庫管理システムとして**WMS**（Ware house Management System）というものがあります。WMSを使用すると、製品やサプライヤーから納入された部材などがWMSに入庫・入荷処理されることがあります（後述）。

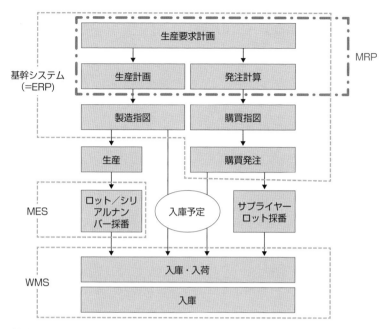

◆発注計算のシステム連動

（4）工場ITインフラ：制御盤・IoT端末からPLC

　工場ITインフラとなるのは**PLC**（Programmable Logic Controller）、設備制御装置、ハンディーターミナル（HT）や現場パソコン、ラベルプリンター、計量器、計測器、IoTセンサーなどの複合的な仕組みです。こうした各仕組みがネットワークでつながることで、データ連携ができます。PLCはプログラムロジックが書き込まれた装置で、MESから受けた指示を設備に連携できるように変換します。また、設備から集めたデータを貯め、変換し、MESに受け渡す機能を持ちます。

　複雑な制御とデータの収集が必要な場合、**SCADA**（Supervisory Control and Data Acquisition）と呼ばれるシステムが導入されることがあります。SCADAは、設備の監視制御と設備からのデータ取得を意味する**FA**（Factory Automation）・**PA**（Process Automation）用のシステムです。SCADAはPLCと連携し、制御データを渡したり、設備の稼働データを収集したりします。

生産管理におけるデータの流れ

　計画・指示データは、業務の機能階層を上位から下位に向かって「SCM⇒生産マネジメント⇒製造・工程管理⇒工場ITインフラ」へと流れていきます。システムの流れとしては、計画・指示データは「SCP⇒ERP⇒MES⇒PLC⇒機器など」に流れます。

　実績データは、計画・指示データとは逆向きに、「機器など⇒PLC⇒MES⇒ERP⇒SCP」へと戻っていきます。設備制御側の実績データは「機器など⇒PLC⇒SCADA」に戻っていきます。ERPは受け取った実績データから原価計算を行います。業務の機能階層でいえば、「工場ITインフラ⇒製造・工程管理⇒生産マネジメント⇒SCM」へと、下位から上位に戻っていくことになります。

　また、実績データを集約、集計して管理指標などを「見える化」する仕組みが**BI**（Business Intelligence）です。BIのデータソースになるのは、計画・指示データがSCP、ERP、MESになります。実績データは、MES、SCADA、ERPから取得します。こうした機能関連と適応アプリケーションが生産管理の全体システム構成のフレームワークになります。

生産管理を成り立たせる周辺システム機能

　ERP、MESが生産管理の根幹となるシステムですが、生産管理をシステムとして成り立たせるためには、その他の周辺システムが必要になります。

　まず、ERPが持つ品目構成を管理する**BOM**（Bill of Material：部品構成表、1-9参照）に品目の構成と品目の直近のデータを提供する**PLM**（Product Lifecycle Management：製品ライフサイクル管理、7-3参照）、または**PDM**（Product Data Management：製品データ管理、7-3参照）と呼ばれるシステムがあります。製品から、子部品、原材料に至る構成を管理しています。BOMにある品目情報と構成情報はMESに連携されます。

　倉庫管理を実現するWMSもあります。購入部材や製品などの現品管理を行うシステムで、生産の結果、工場から出荷可能な製品として営業倉庫に引き渡されるときに、製品としての現品情報を取得するのがWMSです。WMSの現品データはERPやMESに連携します。

　また、受注や出荷を扱うERPの販売・物流機能、貿易文書や輸出入を管理する貿易管理システム、工場人員の勤怠を管理し、原価計算のもととなるデータを提供する人事・勤怠管理システムといった周辺システムがあります。

　製薬メーカーのように品質管理が重要な場合は、**LIMS**（Laboratory Information Management System：品質情報管理システム）というシステムを備えていることもあります。クレームや不具合管理を行うシステムもあります。

◆生産管理機能と主な適合システム

	主な業務機能	主な適合システム
SCM機能	（本書では詳細記述の対象外）	・SCP（Supply Chain Planner）
生産マネジメント機能	・生産計画（基準生産計画）・調達計画 ・製造指図・購買指図 ・購買契約管理（ソーシング） ・原価計算	・ERP（Enterprise Resource Planning） ・MRP（Material Requirement Planning） ・BOM（Bill of Material） ［連携する周辺システム］ ・PLM（Product Lifecycle Management） ・PDM（Product Data Management） ・LIMS（Laboratory Information Management System） ・BI（Business Intelligence） ・貿易管理システム ・人事・勤怠管理システム
製造・工程管理機能	・小日程計画 ・製造指示 ・実績収集・管理 ・発注管理 ・入庫予定管理、受入れ	・スケジューラー ・MES（Manufacturing Execution System） ［連携する周辺システム］ ・WMS（Warehouse Management System）
工場ITインフラ	・実績データ取得 ・設備制御	・PLC（Programmable Logic Controller） ・SCADA（Supervisory Control and Data Acquisition）

生産管理の根幹となるERP・MESと連携するシステムの主なものは前ページの表のような仕組みですが、製造特性や品目によってその他のサブシステムが登場することもあります。

　長い間、日本の製造業は現場での作業を行いながら、その都度必要となる機能を追加して生産管理に関わるシステムを構築してきた結果、属人化し、複雑なシステムを作ってしまいました。現在の機能別にパッケージ化してきたITを上手に使うためにも、これからは**生産管理のフレームワークをきちんと定義し、適合したアプリケーションを選択して、シンプルで効率的な仕組み作りを志向する必要があります**。

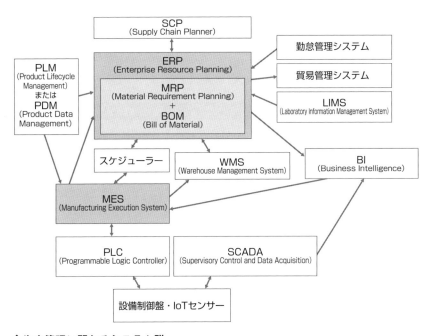

◆**生産管理に関わるシステム群**

1-5 QCD管理は当たり前、原価管理を含めたサイクルを高速・高度化する

指標管理と数量管理だけでは足りない、お金の管理も組み合わせる

伝統的な作業管理とQCD管理などの指標管理は短サイクルで行う

　生産管理としては、伝統的な現場管理である作業管理とQCD管理などの指標管理は継続しなければなりません。これらは、出来高、良品率、不良率、歩留まり、直行率、稼働率、生産進度、計画遵守率、納期遵守率といった以前から管理されている指標で、今後も管理する必要があることはいうまでもありません。

　製造現場の強さは、日本の製造業の強さの根源です。改善活動を行い、改善活動を促し、改善結果が目に見える形で測定・可視化できる仕組みが必須です。

生産管理として数値管理は月次サイクルからさらに短サイクル化

　しかし、多くの工場に**実績収集のシステムがうまく統合して組み込まれていないため、人の手で収集しているのが実態です**。制御盤に表示された数値を紙に転記する、投入した台数や重量を手集計して紙に転記する、指示された数量ができたかどうかを指示書に手書きする、停止回数・時間、停止理由、稼働率やチョコ停※回数・時間、復旧時間を人の手で日報に記入するといった作業は、日本の製造業では普通のことです。

　手作業での実績収集なので、生産管理やSCMへの実績フィードバックが月1回しかできないといった会社もたくさんあります。全データが月末・月初に締まった後、数日かけて集計・計算してはじめてわかる会社も普通になっています。

現品在庫と帳簿在庫が合わず、正確な在庫がつかめない

　また、**現場在庫の受け払いを行わないため、月末まで現場在庫と帳簿在**

※チョコ停：設備故障などによる停止とは異なり、モノが挟まったとか、脱落したといったちょっとした原因で短時間設備停止が起きる現象。修理までは必要なく、微調整で復旧できるトラブルを指す。

庫が整合しないといったことも起きています。これでは発注計算をするにも不正確な数値で行わざるを得ませんし、月に1回在庫を締めるのも手作業になっています。その結果、大きな棚卸差異が出ることも頻繁に起きています。

▌生産管理として数値管理は行うべきだが、それだけでは足りない

生産管理では、滞りなく生産を行うための準備だけでなく、実績を把握して改善することも重要な機能になります。実績収集は必須のため、手作業で現場数値を集めているといった実態は、仕組みがそろわない状況では仕方ありません。現場のIT化が必要なのです。

しかし生産管理の役割は改善だけではありません。工場に十分な利益をもたらさなければなりませんし、在庫を少なくしてキャッシュフローも改善しなければなりません。単に現場の数値が良くなるだけではだめで、"利益を生み"、"儲かる"生産を成り立たせる必要があるのです。

かつて私が関わったクライアントの中には製紙メーカーや製缶メーカー、化学メーカーなどの装置産業もたくさんありました。装置産業は設備への投資金額が莫大で、投資を回収するためにも装置の稼働率を最大化したいという思いを持っています。そのため、品種数が少なく大量生産だった時代には設備稼働率を上げていれば、投資回収は楽でしたから、とにかく設備稼働率を最大化しようと、品種切り替えを少なくして**まとめ生産**（**だんご生産**とも呼ばれる）が行われていました。しかし、今は少量多品種の時代です。無理に設備を稼働させると、必要のない半製品がたくさんできてしまいます。また、まとめ生産によって特定品種の設備が占有されることで、必要な品目が作れないという事態も発生します。こうなると、在庫滞留、廃棄、あるいは欠品、売り逃しという結果につながります。

いくら設備稼働率の数値が良くなっても、無駄な在庫滞留が起きて売り逃しをしていたのでは、かえって会社の収益を悪化させます。つまり、管理数値上は目標達成するように頑張っても、お金の指標となる財務数値に悪影響を及ぼしては、本末転倒なのです。

生産管理では、原価管理と売上げ・利益管理も統合して行うべし

　このような事態を避けるためには、生産管理者は従来の工場生産活動の数値管理をしているだけでなく、**生産の結果が原価やキャッシュフローにどのような影響があるのかを理解し、売上げや利益といった財務数値を最大化するような対応**を知っておかなければならないのです。

　工場の利益だけを考えていると、全社に迷惑をかける可能性もあります。現代の生産管理者は工場に閉じこもって工場のことだけを考えていれば良いわけではなく、工場の生産活動が会社に与える影響を考慮し、営業や物流、販売会社（販社）やアフターサービス部門などの他部署との連携も重視し、全社視点、連結視点で考えられるスキルが必要になっているのです。

◆管理業務の変化

管理業務	従来の管理	目指すべき管理の高度化
指標の管理と対応	・主に結果管理による改善 -作業管理 -QCD管理	従来の管理に追加して ・主に計画管理 -実績や結果にもとづく影響の推定 -再計画 -投資の見直し -リスク低減策
管理サイクル	・管理サイクル -月次 ・現場即応（リアクション）	従来の管理に追加して ・管理サイクルの短サイクル化 -週次化 -日次化 ・マネジメント層の即応（リアクション）
管理の単位	・数値管理 -台数 -時間	従来の管理に追加して ・金額管理

25

生産管理におけるグローバルマネジメント視点の欠落は致命的

単独工場だけではなく、工場を横断し、グローバルにマネージすべし

複数拠点化しているにもかかわらず、生産統括機能がない

国内製造でも、現在では複数工場を持つ企業も少なくありません。しかし、生産管理業務が工場単位に個別化している企業が少なくありません。本来、工程の定義や作業標準、管理の仕方、見るべき指標の定義・計算式や収集サイクルなどは全工場で共通化しておくべきなのですが、そうしたことさえ怠っている企業がたくさんあります。

管理や作業の仕方が標準化され、どの工場でも同じやり方だとわかれば、異動してもすぐに仕事が開始できるのに、工場を横断した標準を定義する機能が欠落しているため、異動すると引き継ぎと称して何カ月も引き継ぎする人と引き継ぎされる人の2人で作業を行い、一人前になるまでに何カ月もかかるという無駄が生じています。

また、システムも工場独自で勝手に入れていて、システム連携ができない、連携するには莫大なインタフェースの構築費用がかかるといった有様です。すべての工場で同じIT機器、パッケージを入れれば、経験も蓄積されますし、購入費用も安くでき、運用が効率的になるのですが、そうしたことを統括する機能が欠落しているのです。

国内にあるどの工場に行っても、仕事の仕方は同じ、管理の仕方も同じ、システムも同じにするという、標準化を促進する生産統括機能が必要です。

工場は世界中に広がっているが、業務もITも標準化がされていない

国内だけではありません。今では販売も生産も海外に広がっています。しかし、海外工場に至っては、設備導入などの技術的な支援と、工場立ち上げ時の生産管理の業務指導はするものの、一度立ち上がってしまうと独立採算になり、その結果、生産管理が独自化していくのが一般的で

す。

　生産管理システムも、構築や運用の制約があるため、現地のITベンダーに構築を任せた結果、本社や日本の工場、他国工場とは違うシステムが導入され、生産管理の業務も独自化していくという結果を生んでいます。

　また、**海外工場で日本と違った管理指標を用いていて、報告されても、状況が理解できない、判断できないことも起きます**。システムも相違するので、海外工場にデータ提供を要求しても、データの収集方法や基準、計算式が違う、データの意味がわからない、ほしいデータが提供されないのも日常茶飯事です。

　これでは日本から海外の工場の状態や業績がよく見えなくなります。私の知る製造業でも、担当者が代わると隠されていた在庫がごっそり出てきたり、一向に歩留まりが解消できず、長くその原因となっている場所が特定できなかったりなどといったお粗末な状況が続いていました。

作業の標準化だけでなく、設備、工程定義、原価構造、指標を標準化

　日本海外問わず、事業特性や設備特性は考慮すべきではありますが、作業標準や管理に関わる標準はできるだけ統一すべきです。**特に、生産管理に関わる管理項目、管理標準はできるだけ統一しましょう**。統一しなければ、同じ基準のデータが取得できず、各工場の良否を統一基準で判断できないからです。たとえるなら「りんごとみかん」ではなく「りんごとりんご」を比較できなければ、統一した比較ができないということです。

　また、できる限り設備も標準化すべきです。こちらは生産技術の領域になりますが、同じ事業、同じ製造を行うのであれば、できるだけ設備も標準化する必要があります。操作も標準化され、保守も標準化されるからです。

　加えて、工程の定義や原価の構造も同じにすべきです。同じ品目を作るのに、A工場とB工場で工程の切り方が違うとそれだけで独自の作業標準が必要になります。また、工程の切り方が相違すると実績収集のポ

イントが異なり、原価計算にフィードバックする際の実績連携の仕方が相違してしまいます。結果的に工場独自に個別性を許容してしまい、複雑さに拍車がかかってしまいます。

　管理指標も計算方法や元データ、収集サイクルや計算サイクルなどを統一しなければなりません。指標の計算方法が相違すると、工場ごとの比較が困難になり、改善指導ができなくなります。

勝手なシステムを入れさせないマザー工場・HQによるIT統制

　システムも勝手に入れると、それにかかる投資も個別になって非効率になりますし、独自のIT技術者が必要になり、A工場のシステム用の人材とB工場のシステム用の人材で余計に人が必要になります。

　システム操作が異なるため、異動した際に操作方法に慣れるだけでも時間がかかりますし、本社でデータを自動的に収集したいと思っても、個別のインタフェースが必要になり、莫大なシステム開発費用が必要になります。

　生産管理業務を標準化して統括するだけでなく、ITも統制する機能が必要です。グローバルな生産統括機能と並行して、グローバルなIT

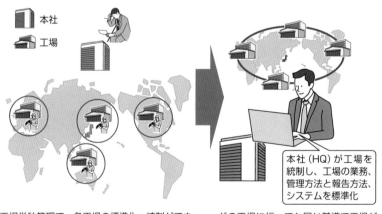

本社

工場

本社（HQ）が工場を統制し、工場の業務、管理方法と報告方法、システムを標準化

工場単独管理で、各工場の標準化、統制ができておらず、管理数値もそろっていないため、データがそろわず、報告も管理もままならない

どの工場に行っても同じ基準で工場が管理・運営され、同じ基準のデータが即、見える

◆**工場単独管理から工場横断、グローバルなマネジメントへ**

統制機能が必須です。そのためには、生産管理業務を標準化し、統制する機能を持つ**マザー工場**や、生産管理システムをはじめとするグローバルにITを統制する機能を持つヘッドクオーター（**HQ**）機能が本社として必要です。

日本本社が管理・統制するための会議体とSCM

こうした標準化は、生産統括機能の必要性は満たすものの、十分ではありません。**常に指示を出し、監視・統制する業務が必要になります。**

その仕事は、予算統制であり、半期、4半期、月次で行う生産統括会議などの指示と報告、調整、意思決定を含んだ会議体運営による本社からの関連会社に対する統括支配をすることです。予算通りに生産はできているのか、管理指標の結果はどうか、これからの計画の達成見通しはどうかといったことを、各工場から報告させます。また、特に大きな投資は工場で勝手に行えないようにします。大きな投資は予算執行の決裁権限を本社が握っておきます。

改善の進捗、問題点の報告と対策、各国でヘルプや調整が必要なことを検討し、生産統括を司る経営層が意思決定を行います。IT投資もこの議題に含め、マザー工場と本社のHQが連携して決裁する形にします。

グローバルでのモノの行き来がある場合は、生産統括機能だけでなく、販売を行う営業、部品や原材料をグローバルに調達するグローバル調達機能も合わせてグローバルSCMとして会議体をもって進めるべきです。

IoT・ロボットで
工場のシステム化を進める

表計算作業はシステムではない。生産管理者はシステムに精通すべし

IoT実現には工場のシステム化が必須

　すべてのモノに関わるデータをインターネット化する**IoT**（Internet of Things）が喧伝されています。製造現場の設備やモノに関わる情報も、インターネット技術によって簡単に収集し、データベース化して活用できる世界がやってくるといわれています。そのようになるのは間もなくだといわれますが、現段階では前提条件が整っていません。残念ながら、工場内のシステム化が不十分だからです。

　IoTセンサーを設備に取り付けて、機械稼働や異常振動、音、温度などを収集しても、**その場でデータを取得するだけで終わっています。なぜなら、工場内がネットワーク化されていないからです。**島宇宙のように単独で存在する設備のデータをとっても、どこにも蓄積されないからです。

　また、IoTセンサーさえ付ければ意味のあるデータがとれるとは限らないのに、思い付きでIoTセンサーを付けて、結果的に有効な情報も集められないといった状況も頻出しています。

　特に、ビッグデータ解析といった流行りの言葉に乗った場合、失敗するケースが多く発生しています。そもそも、統計的な知識も希薄で、相関関係と因果関係を混同したり、因果関係を確認するための仮説にもとづくモデル化を行わなかったりしている限り、データをとっても何の関係もない実績だけが集まるといったお寒い状況に陥ります。

　収集するデータから、何が推測されるのか、その因果関係は妥当なのかといったことをモデル化し、検証し、確証を持って導入しないと、思い付きのIoTセンサー導入になってしまいます。また、モデル化した際にとれるデータに信ぴょう性があるのかどうかも検証しなければなりません。統計的に意味のあるデータがとれるのか、因果関係を保証できるだけの

データ的な裏付けはあるのか、検証し、確証を持っていないと無駄になる可能性があるのです。

┃計画⇒指示⇒制御、実績⇒可視化のシステム化

データをとることが大事だからといって単に実績だけをとっても意味がありません。たとえば私の知る製造業で、工程内を流れる部品に**RFID**（Radio Frequency Identifier）と呼ばれる電子タグを貼って、その部品があるロケーションを把握し、滞留しているのか、移動しているのかを測定しているところがあります。RFIDは電子タグなので、RFIDを読めるリーダーを置いて識別することで、その場所を通過したことやその場所に滞留していることが電子的に把握できるのです、**RFIDは1つ当たりのコストがまだ高く、導入するにはそれなりの投資が必要です。**

この企業にRFIDを貼ってまでして部品の追跡をしている理由を聞いてみると、「滞留は悪なので、滞留しないかどうか監視している」とのことでした。しかし、実際の現場での製造の仕方を見ると、稼働率を上げるため段取りを最小化し、まとめ生産をしています。これでは当然滞留します。まとめて加工された部品は、次の組立工程で使われるまで滞留するからです。この企業は、加工工程はまとめ製造、組立工程は受注にもとづく1個流しの受注組立製造のため、加工品が仕掛として滞留するのが当たり前の生産方式だったのです。

計画的な滞留が当たり前の生産方式で、滞留しているかどうかを測定することにどれほどの意味があるのでしょうか。高いお金をかけたRFIDでしたが、計画的な滞留は意味のある滞留なので監視の方法を変えるべきだという議論が起きました。結果的に、単なる一時的な滞留で騒がずに、計画・指示に対する進捗を管理した上で、その滞留は計画的に妥当なのかを可視化し、長期滞留だけを監視することになりました。

せっかくRFIDを貼るので、製造実績を収集、蓄積し、計画遵守や作業時間の遵守状況、収集した実績のトレンドを可視化する管理の方法に変更されました。

このように単に状況を可視化しても、それが妥当なのかどうかの判断

基準がないと意味がありません。**計画や指示との対比ができる測定と可視化を行った上で、トレンドを可視化して悪化しているのか、改善しているのかを判断できる測定方法に変えたのです。**

　IoTやRFIDで技術的にデータがとれるようになったからといって、最も効果的で意味のあるデータ収集、可視化をしないと投資が無駄になるので注意が必要です。

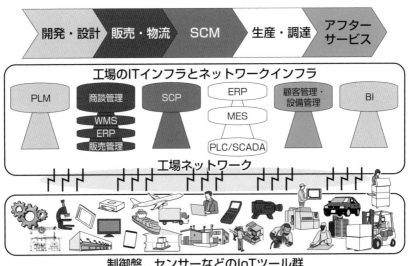

◆IoTツール群の活用には工場ネットワークの整備が必須

設備⇔制御盤・センサー⇔指示・実績収集のためのITインフラ整備

　制御盤やIoTセンサーを使って集めたデータと、計画や指示を比較するためには、制御盤やIoTセンサーをPLCやSCADAとつなぎ、さらにMESにつながなければなりません。つながっていないと、かえってデータを人の手で集めるなどの手間が増えます。

　制御盤やIoTセンサーが、指示・実績蓄積を行うMESやSCADAと連携していなければ、結局人の手でデータを対比できるように加工し、集約するという手間も生じます。その上、MESやSCADAに集まった実

績も、BIとして比較やトレンドの可視化ができないと単なる数値ですから、分析するためにさらにひと手間かかるという有様です。工場内のITインフラを整備しなければIoTセンサーで管理レベルが改善されるということは望み薄なのです。

工場ITインフラは設備投資とIT投資の切り分け、標準化が必要

　製造業は設備に関わるシステム基盤は生産技術部や設備メーカーが構築し、生産管理システムは情報システム部が構築することになっていて、両者は分断されています。その上、製造実行システムであるMESに関しては、役割分担が不明確で、どちらかというと生産技術部や設備メーカー、計装機器メーカーが導入しているケースが多く、結局工場に関わるシステム導入を統合して行う機能が欠落しているのです。

　その結果、IoTセンサーを入れてMESとつなごうとなると誰が主導するのかわからなくなり、導入がなかなか進まなくなるのです。また、プロジェクト化して推進する役割も欠けています。

　今は、ITの進展が速いので、再度、工場インフラ・設備投資とIT投資の切り分けと標準化、役割分担が必要になっています。

　設備や制御盤、IoTセンサー、PLCなどへの投資は生産技術部が判断し、SCADAやMESなどへの投資はIT部門が判断すべきです。設備に近い工場インフラは工場の個別性もあるからです。一方、SCADAやMESは工場を横断して標準化すべきなので、IT部門が投資判断し、標準化を維持します。

　また、IoTセンサーやPLC、MES、SCADAを導入する際は、工事という扱いではなく、IT導入プロジェクトとしてIT部門も必ず参画します。IoTセンサーとPLC導入は生産技術部が、MESとSCADAはIT部門が主導します。

生産管理を重要スキルと認識して人材育成

作業改善ばかりでなく、生産管理を教育し、学び、人材を育てるべし

IE教育、QC教育、改善手法も大切だが、それだけでは足りない

企業の中にいる人は気づいているかもしれませんが、企業を支える人材やスキルに陰りが出ているのではないでしょうか。人材のほとんどは所属組織の中で専門家になる反面、**全体を通して仕事がどのように流れているのか、わからなくなってきています。**

製造業では、作業分析を行って改善を行う**IE**（Industrial Engineering：生産工学）、品質や業務分析を行って改善を行う**QC**（Quality Control：品質管理）などの現場改善手法が古くから教えられてきました。「モノづくり」などといって、匠の技の伝授も大切だとされていました。

その結果、以前からある改善と細かな技術にばかりフォーカスが当たり、系（システム）としての製造のための管理技術が発達せず、生産管理や生産技術といった生産を取り回していく技能が衰えてしまいました。生産管理や生産技術などの教育手法は開発されず、標準化もせず属人化し、体系的な教育は行われていません。

システムとしての体系を作ってこなかったため、生産をシステムとして取り回す考えが芽生えず、個別些末な技術に固執し、全体をシステムで効率的につないでマネージし、コントロールするという考えは希薄なままです。

したがって、問題が起きても対症療法に陥り、あちらを直せばこちらで問題が起きるといった「モグラ叩き」に終始しているわけです。たとえば、「『なぜ』を5回繰り返せ」といったキャッチフレーズは問題の特定に有効ではあるものの、システムとして全体を捉えずに、問題が発生した現場の最下層から積み上げ型で原因探索を行ってしまい、視野が狭い対症療法的になるリスクをはらんでいるのです。

問題は個人の責とせず、系（システム）を直す

　また、属人的な管理を前提としているため、問題発覚時は問題を起こした個人に責任があるとされ、個人の責で解決せよとなりがちです。これでは、人が代わればまた問題が起きるため、恒久的な解決になりません。

　問題は生産をマネージし、コントロールする管理・指示の手法の中、つまり、システムにあり、仕事のやり方や手順を変えて、対策を恒久化しなければなりません。

　私の知る製造業で、投入原料のミス、投入先の設備の選択ミス、投入順序のミスといった具合に製造時の投入にミスが発生するので、人を増やしてダブルチェックで対応した会社がありました。それでも間違うので、３人でトリプルチェックまでしている有様でした。このように、人の問題だから、人を増やして対応では非効率の極みです。

　そこで、指示を**ハンディーターミナル**（HT）に出し、投入時の原材料と設備の突合を、バーコードを使ってHTで読み込むことでミスをなくすことに成功しました。また、投入順序のミスも、指示が1つひとつ順番にHTに出て、その順序に従ってバーコードで読みながら投入し、仮に順序を誤った原材料のバーコードを読んだらエラーになるのです。

　こうして、トリプルチェックといった人に依存した対応を止め、仕組み化によってコントロールできるようにすることで、たとえ１人で作業してもミスは出なくなりました。対症療法のトリプルチェックではなく、根本から指示とチェックの仕方を変え、人間が判断しなくとも、HTの指示に従って行えばミスが生じないようにしたわけです。

　現場の創意工夫ではなく、系システムそのものを変えて、解決策を恒久化していく活動こそが重要なのです。生産管理や製造・工程管理、生産技術の協力の中で解決していくことが必要なのです。

生産管理をフレームワーク化して教育すべし

　仕事の仕方を変えるには、生産管理をフレームワークとして捉えて、

原因と結果の視野を広くして、**業務の流れと各業務の前後関係や影響範囲を考えられるスキルを身に付ける教育をしなければなりません**。

　作業レベルの仕事の話の前に、どのように生産が準備されるのかといった、計画業務を教えます。また、結果としての現場実績を収集して終わりではなく、製造の結果である各実績の数値が、原価や経理数値、ひいては在庫や売上げ・利益にどう影響するのかを知らなければなりません。そうしないと、製造現場での混乱が単なる作業の問題か、それとも計画に不備があるのかがわからなくなりますし、金額換算した数値に何の影響も与えないような現場独りよがりの改善を進めてしまうかもしれないからです。

　生産管理のフレームワークを知って、システムとしての原因の特定、解決策の提示ができるようにならないといけないのです。

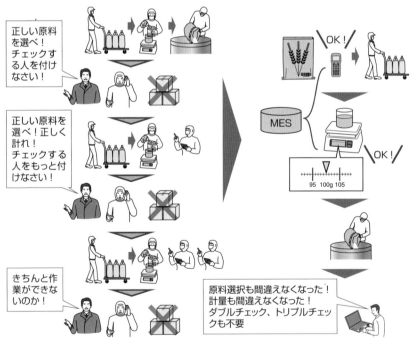

◆個人の責とせず、系（システム）を直す

36

1-9 生産管理とエンジニアリングチェーンとの連携課題

機能・製造設計との連携、工程管理と原価計算との工程認識製造の課題

設計と生産管理はBOMと工程順序で連携される

　工場で生産を成り立たせるためには、生産管理だけではできません。生産管理の前提として、設計業務がきちんと行われていなければなりません。

　設計の流れは**エンジニアリングチェーン**と呼ばれます。生産管理を中心とした生産活動は**サプライチェーン**と呼ばれ、エンジニアリングチェーンとサプライチェーンはBOMで連携されます。

　BOMは、製品を最上位に、部品展開を行う仕組みです。製品Aの下に部品B、部品C、部品Dがぶら下がり、部品Bは子部品B1、子部品B2、子部品B1は原材料Xでできているといった構成を表すものです。

　製造を成り立たせるためにはBOMに工程順序を設定します。製品A

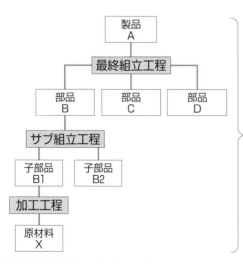

・部品構成表（BOM）は、品目構成を持っているため、最上位の製品から下位の部品展開を行う

・また、各工程順序も設定されている

◆部品構成表（BOM）イメージ

は最終組立工程を経て出来上がり、部品Bはサブ組立工程を経て、子部品B1は原材料Xを加工工程で加工して出来上がるといった例です。

BOMは、内製の製造所要量の計算、外注への発注の計算、購買品の発注の計算ができる構成をとります。

┃設計BOM、製造図面、生産BOM、サービスBOM

設計業務は、製品の機能設計を行い、総合図面を作成します。さらに詳細な部品図面を作ります。作成はCADなどを用いて設計部門が担います。機能設計が終わると図面ができ、設計用の部品構成として**設計BOM**ができます。

機能図面はあくまで製品の機能構成を表すだけなので、これだけでは製造できません。**機能設計上の部品図面だけでは、組み付ける順序がわかりません。**たとえば、部品図面にハーネスが付いていたとしても、組立順序でいえば、先に本体にハーネスを付けてから、部品を後から組み付ける場合、図面上は本体にハーネスが付いている形で製造に渡さないと、製造順序である工程が組めないのです。

製造を成り立たせるためには、工程の知識を持った生産技術部と協力して**製造図面**（3-9参照）を作る必要があります。先のハーネスの例では、本体組立工程で、部品図面にあるハーネスを本体に組み付けておくことになり、部品図面と製造図面を変えておかないといけないわけです。生産管理では、製造図面をもとに本体製造でハーネスを組み付ける工程を作り製造用のBOM（**生産BOM**）にするのです。

忘れられがちですが、生産では量産品と並んで補修用部品＝**サービスパーツ**が作られます。サービスパーツは量産が終わっても継続されるため、部品構成が変わる設計変更（設変）が起きることが頻繁にあります。したがって、生産BOMだけでなく、設計BOMから**サービスBOM**を作り、維持・管理していかなければなりません。

エンジニアリングチェーンでの流れは機能図面⇒設計BOM⇒製造図面⇒生産BOM⇒サービスBOMとなります。

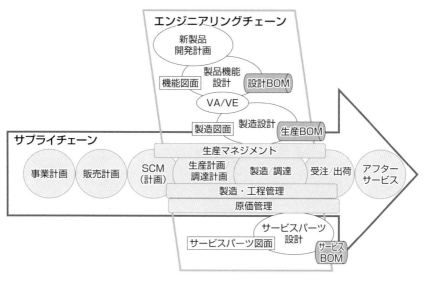

◆サプライチェーンとエンジニアリングチェーンの関係

┃脆弱化する生産技術による生産管理へのしわ寄せを回避すべし

　日本の製造業を支えている役割を担っていた、かつて強かった生産技術部門が最近脆弱化しつつあります。設備導入や設備稼働にばかり注力し、製造設計の力が落ちる傾向にあるのです。

　生産技術部門が製造設計をする力がないため、代わりに生産管理部門が機能図面から部品を工程にバラし、製造図面なしで組立の順番を考えて生産BOMを作っている企業も多くなりました。これでは、本来の製造設計を担えず、効率的な工程組立が保証されません。製造図面がない状態で設計変更が起きた場合、1つひとつ生産BOMの構成を追って生産管理が部品を入れ替えねばならず、無駄に工数がかかります。

　生産技術部の脆弱化を生産管理部門がカバーしていたのでは、生産管理の本来の業務に影響します。日本の製造業は、生産管理だけでなく、生産技術の強化、エンジニアリングチェーン業務機能の再構築が課題になってきています。

生産マネジメント、製造・工程管理、原価管理表の工程認識の整合

　また、工程設計が弱いということは、工程に対する認識・定義がうまくできていないことになります。**工程認識**とは、工程の切り方です。工程は、たとえば加工工程、組立工程といった具合に定義されます。

　この工程に関する認識は、組織階層ごとに違いが出ます。生産管理では計画を立案し、計画の進捗と実績が把握できる工程を管理します。一方、原価管理では原価を積み上げる工程を認識し、実績を集計します。工場の稼働状況や設備における作業の割り付けと進捗を把握する工程管理では、工程を細かく見る必要があります。

　それぞれの管理のレベルに応じて工程を定義し、指示と実績の収集ポイントを決めなければならないのですが、階層ごとに管理の目的が違うため、実績データを収集するシステムの配置が無駄になる可能性があるのです。たとえば、生産技術部門が工程の稼働を知る目的で設備ごとに高額な投資をして稼働センサーを付けたとします。しかし、その工程の稼働実績は、生産管理でも原価管理でも不要で、もっと大きなくくりである工程の最後だけ実績がとれていれば十分な場合があります。そうであるにもかかわらず、今度は最終工程の設備にはセンサーなどはなく、人間が日報に手書きで実績を集めているといったチグハグな例は枚挙にいとまがないくらいあります。

　工程管理上の管理ポイント、生産管理上の管理ポイント、原価管理上の管理ポイントを統合して実績収集の仕組みを入れ、各階層で活用できるシステムを導入するといった工場内システム設計・導入の活動が必要になってきています。**そのためにも統合した工程認識を定義し直さなければならないのです。**

1-10 生産管理の業務を再定義する

生産管理業務とシステムのフレームワーク化を実現すべし

生産管理のフレームワークの整理

　生産管理は古くからある業務機能ですが、その意味がほとんど整理されずに言葉先行で日本に導入されました。そうしたことから、生産管理といえば、あたかも作業工程の管理の高度化のように捉えられがちですが、実際は生産活動すべての質の向上に役立つ業務機能なのです。

　一般にイメージされる生産管理は非常に狭い範囲の機能で、工程の進捗や出来高実績、稼働実績を管理するといったいわゆる製造・工程管理のレベルです。従来の狭い範囲の生産管理は狭義の生産管理といえるでしょう。

　しかし、**生産を成り立たせるためには、生産計画、能力計画、資材計画と購買活動が必要です**。また、結果を管理するための原価も必要です。こうした生産を成り立たせる計画と意思決定に関わるマネジメント業務もまた、広義の生産管理業務機能です。**広義の生産管理＝生産マネジメ**

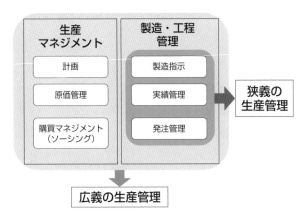

◆広義の生産管理と狭義の生産管理

41

ントでは販売計画や受注との連携が必要で、SCM業務との連動が重要になります。生産活動自体はSCMの中心となる構成機能です。

生産マネジメントと製造・工程管理が曖昧なのはNG

日本の製造業の場合、生産マネジメント機能と製造・工程管理機能のレイヤーの切り分けが曖昧です。そのため、システム選択や構築の点で、複雑怪奇な追加開発が生じるリスクを抱えています。この2つのレイヤーの認識・定義が曖昧であることが原因で、必要以上に複雑なシステムや無駄なシステムを作ったり、人の手でシステム間をつないだりする結果を招いています。

たとえば、本来生産マネジメントのレイヤーで行うべき所要量展開機能を製造・工程管理レイヤーである小日程計画で行ったり、詳細な作業工程の作業展開・指示まで生産マネジメントとして行ったりすることで、過度な機能要求を不適合なシステムに要求することがよくあります。結果、パッケージでは適合性が低くなり、とんでもなく複雑なシステムを追加開発してしまったり、人間がデータを加工して導入するはめに陥ったりしているのです。こうしたことを避けるために、**生産管理と製造・工程管理を峻別し、適切なパッケージを組み合わせるようにしましょう。**

生産管理フレームワークとシステムフレームワークの統合

生産管理を生産マネジメントと製造・工程管理として再定義して、階層化します。最上位を生産予算・工場予算とすると、生産計画⇒製造指図・購買指図となります。

製造・工程管理は計画的に意思決定された製造指図を受け取って、生産順序計画としての小日程計画を経て工程展開を行い、作業指示・手順指示につながります。購買指図は発注につながり、受入れ時に発注に対して正しい品目が入庫されたかをチェックするための入庫予定になります。

製造指示は各工程、設備に流れます。指示は、資材の出庫指示、製造指示となり、生産活動が行われます。

作業の結果として、資材の入出庫実績、設備への投入実績、作業実績、出来高、仕損・不良実績、設備稼働などの作業実績・稼働実績が収集され、製造・工程管理上の指示を完了したものとしてステータスを変えます。完了したものをステータス変更することを**"消込"**といいます。指示を消し込んだ実績は生産マネジメント側に連携され、指図を消し込み、生産実績、入出庫実績、在庫実績などの実績が計上されます。

生産マネジメント上集約された数量ベースの実績は、金額換算されて原価として積算され、原価計算に結び付きます。また、金額だけでなく分析や判断に必要な出来高、良品率・不良率などの品質情報、納期遵守、稼働率といった指標も集計、可視化されます。

こうした計画⇒指示⇒実行の流れと実績の流れは階層化し、お互いに差異をチェックするV字型の階層関係にあります。**"生産管理のVモデル"**といっても良いかもしれません。

生産マネジメント統括機能の設置と生産IT統制の必要性

"生産管理のVモデル"は、システムが適切に配置・連携されるように設計されていれば、人の手を介さずにシステムでデータの連携ができるように構築できます。

しかし、日本の製造業はフレームワークを持って業務とシステムを作ってこなかったため、各階層のつながりが整っておらず、システムも虫食いで、間を人手でつないで表計算ソフトや紙でデータを受け渡しているのが実態です。

残念ながら生産管理全体をフレームワーク化して業務システムを設計し、統合して導入する活動は今まで希薄でした。全体を整合した設計を行って、生産管理を標準化していく活動が改めて必要になっています。

製造業が強いといわれている日本ですが、残念ながらそうではありません。**工場が違えば管理の仕方もITも違うといった状態では、まともな管理・統制はできません。**生産マネジメント統括機能の設置と生産IT統制を組織的に行わないと、個々バラバラで統合できない工場群の集まりになってしまいます。

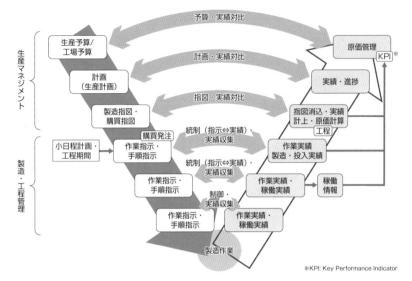

◆生産管理のVモデル

内の図中テキスト:

予算・実績対比

計画・実績対比

指図・実績対比

統制（指示⇔実績）・実績収集

統制（指示⇔実績）・実績収集

制御・実績収集

生産マネジメント

生産予算/工場予算

計画（生産計画）

製造指図・購買指図

製造・工程管理

小日程計画・工程期間

購買発注

作業指示・手順指示

作業指示・手順指示

作業指示・手順指示

製造作業

原価管理 KPI※

実績・進捗

指図消込・実績計上・原価計算 工程

作業実績 製造・投入実績

作業実績・稼働実績

稼働情報

作業実績・稼働実績

※KPI: Key Performance Indicator

現場は大事だが、生産マネジメントはあくまでも上からの統制管理

　日本の製造業は、戦後のモノのない時代から発展を遂げてきました。高度経済成長期の少品種大量生産の時代に、資源が"人"しかなかったせいで、現場作業を最重視し、現場が効率的に動くことで付加価値を出す手段として認識されました。

　目で見る管理、ポカヨケ（うっかりで起こる人的ミスを避ける仕掛け）や5S、IE、QC、小集団活動といった現場改善をしていれば儲かった時代が長かったため、システマチックに生産活動を構築し、ITの活用を行う考えが希薄でした。

　現場優先で、現場主義、「管理しないことが最高の管理だ」、「作業者が自発的に動き出す"自働化"だ」といって現場が大事にされてきました。それはそれで正しいのですが、結局、現場の改善手法しか作ってこなかったため、生産活動を全体として統括管理する機能の設計や統制管理を行う仕組みとシステムの構築がおざなりになりました。

　大量生産・大量消費の時代が終わって、多品種少量の変動対応と製品

の改廃、調達制約の高度化などといった変化が激しい時代に、現場改善手法だけでは太刀打ちできません。

　生産マネジメントは迅速なリスクの組織的な把握と意思決定をしなければならない機能です。そのためには、スピーディーに実績が把握でき、分析が高度にでき、適切な計画変更と指示がタイムリーにできなければなりません。そうした業務の枠組みは、現場積み上げで自然発生的にできるものではなく、あくまでも上からの業務設計、システム導入と統制管理が必要になるのです。

　現場は大事ですが、それだけでは競争に勝てません。**生産マネジメントはあくまでも上からの統制管理なのです。**

｜「モノづくり」などといっている間に置いてきぼりを食わないように

　企業を挙げて、最適な生産管理体制を作ることが日本の製造業の喫緊の課題です。エンジニアリングチェーンが弱体化し、サプライチェーンは複雑化しました。変化が激しく、先読みをし、迅速に、適切な対応をしなければならないのです。

　そうした厳しい変化に耐えるだけの仕組みを再構築しなければならないわけです。残念ながら、こうした変化に対する企業変革の要求に対し、「モノづくり」などという些末な製造技能の深掘りと集中だけでは生き残ることが難しいでしょう。

　「モノづくり」などという情緒的な言葉に依存して、日本の製造業は「匠の技」がすごいなどと自己満足に浸っているだけでは、世界で勝てません。世界の競合は、生産活動全般をフレームワーク化し、標準化し、どの工場に行っても同じマネージ業務、管理システムを構築しています。世界中どこに行っても同じやり方とデータと基準で、今日からすぐマネジメントができるのです。

　私たちは「モノづくり」などという曖昧なキャッチフレーズにおぼれることなく、合理的な生産管理の業務とシステムを再構築しなければならないのです。

生産管理の未来①
生産管理システムの再構築の大波
避けて通れない生産管理システムの
再構築と変革の要求

■ 生産管理システムの保守切れと老朽化、スパゲッティー化の現状

　日本の製造業の多くは、古いホストシステムで生産管理が構築されています。ホストも老朽化し、ソフトウェアの保守もハードウェアの保守も打ち切りになるような状況です。何とか最新のシステム基盤に移行（コンバージョン）作業を行って延命していますが、それでも再構築は待ったなしです。コンバージョンで一時的にしのいでも、追加開発を長年繰り返し、ソースコードがスパゲッティー化※してしまい、仕様がわかる人も資料もなく、維持が困難なのです。

■ 生産業務を熟知した従業員とIT人材の枯渇

　複雑化した生産活動の全体を把握し、理解している従業員もほとんどいません。断片的な理解のある人はいますが、自分の作業と前後の業務とのつながりをあまり理解していません。生産管理部門の人材は表計算ソフトで計画を作るだけで現場の制約を知らず、調達人材はMRPの構造を知らず、現場管理者は計画立案の事情を知らず、工場の経理人材は原価計算の知識などゼロだったりします。

　IT人材にいたっては業務の断片的な理解さえなく、いわれたことをやるだけの保守対応人材に陥っています。プログラム修正の経験だけで、大規模なシステムの要件定義や設計経験がなく、プロジェクトマネジメントのスキルは皆無です。生産業務を熟知した従業員とIT人材が枯渇した状態は、危機的な状態です。

■ 自社業務への基礎的な理解と生産管理の学習、IT構築スキルの向上を

　コンバージョンでしのげれば数年の時間的猶予が与えられます。この間に、**生産人材もIT人材も自社業務への基礎的な理解と生産管理のフレームワークを学習する必要があります。**IT人材はIT構築スキルも向上させなければなりません。経営陣も「システムはわからない」などと呑気なことをいっていないで、危機意識を持って人に投資すべきなのです。

　※スパゲッティー化：プログラムの構造が複雑になり、システムの仕様が誰もわからなくなること。

第 2 章

生産管理とは何か?

生産管理の目的は
工場の収益性を高めること

生産管理は工場という巨大な「変換」装置を動かす全体管理の仕組み

工場はモノの付加価値を上げる活動を行っている

　皆さんは、工場の中を見たことがありますか。工場見学などで公開している工場もあります。製造業関係の仕事に携わるチャンスがあれば、必ず工場見学をお願いしてみてください。製造業向けの仕事、特に生産管理の仕事を受ける際は、工場見学をすると具体的なモノの作り方がイメージできて、リアルな考え方ができるようになります。

　工場の中をのぞくと、ベルトコンベアーの上を流れる製品のスピード、作業者の無駄のない動き、生産ラインやパイプの複雑さに目を奪われることでしょう。ビール工場の巨大な発酵窯、精錬工場の巨大な炉の熱、半導体工場のクリーンルームの清浄さと自動化された設備、食品工場の複雑な反応窯と網の目のようなパイプに驚くに違いありません。

　自動化ラインが整った飲料工場で、あるいは自動搬送車が行きかう製薬工場であるにもかかわらず、人が目視で不良品を高速にはじく地道な作業にも感心するでしょう。溶接による火花の飛び散り、巨大なプレス機の板を打ち抜く音に圧倒されることでしょう。工場といっても作っているもの次第で、設備や作り方、人の動きがいろいろ違ってきます。

　工場の中で起きていることは、「モノを作る」ということです。原材料を投入し、設備や人の手を介して、製品に仕上げていきます。工場とは、**そのままでは人の用を成さないもの（付加価値の低いもの＝原材料）を生産というプロセスによって、人の用に値するもの（付加価値の高いもの＝製品）へ変換する場所**なのです。

工場では行き当たりばったりではモノはできない

　工場にはたくさんの設備があり、いくつもの工程があります。多種多

様な原材料・部品が管理され、たくさんの人が働いています。工場の外との関係も複雑で、多様な顧客、出荷先を考慮し、受注・梱包し、トラックを手配して出荷します。仕入業者（**サプライヤー**）も多様で、多くのサプライヤーに発注をし、納期を管理して工場に納入してもらいます。工場は、管理すべき対象がとても多様で、かつ複雑なのです。

多くの関係する対象を上手にマネージし、コントロールしないと、生産活動に混乱をきたします。結果、決められた納期が守れず、品質が悪化し、コストが上がります。

行き当たりばったりでは、まともにモノが出来上がりません。製造作業、出庫作業、原材料投入、設備稼働、サプライヤーなどを統制し、一糸乱れぬ流れを作り上げるには、相当な努力が必要です。

工場では、多くの関係者と連携して、計画し、指示を出し、進捗と実績を確認した上で再計画を行い、アクションをとるといった、全体管理の仕組みを必要とします。**「計画」し、「指示」し、実行を「統制」し、「進捗と実績を把握」して、管理のサイクルを回していくこと**がきちんとモノを作るために必要な生産管理の機能といえます。

生産管理が工場の収益を高める

整然と「計画」し、「指示・実行・統制」し、「進捗と実績を把握」することで、品質を維持し、計画通りのコストで、納期を守ってモノ作りを行うことで、工場は予定通りの収益を上げることができます。

工場がうまく運営できないと、混乱した生産活動となり、生産性が悪化し、コストが上がり、収益を損ないます。納期が守れず、お客様に迷惑をかけ、売上げが上がりません。そうしたことが起きないように、**工場という巨大な「変換」装置を上手に動かす仕組みが生産管理なのです。**

生産管理でよく聞く4Mという言葉は何を指すのか

工場を動かして製品を作り上げるのは、人と設備、原材料や部品といった"資源"を準備しなければなりません。計画的に準備しなければ、いざモノを作ろうとしたときに作ることができません。計画という機能

が必要になります。

　また、計画だけでも、モノは作れません。指示が必要です。指示を行うためには、製造のルールとして作業標準がなければなりません。作業標準に従って作業指示が行われ、原材料や部品、仕掛品が投入され、加工や組立といった変換作業が行われることで指定された品質とコストで、納期通りに製品が作られていきます。

　生産管理では、よく**4M**という言葉が登場します。4Mとは、人（Man）、設備（Machine）、原材料や部品（Material）、作業標準（Method）などと呼ばれます。4Mというのはとっつきやすい言葉です。人（Man）、設備（Machine）、原材料や部品（Material）の3Mは計画の対象であり、指示と統制の対象です（2-6参照）。作業標準（Method）は指示や統制のよりどころです。4Mを同列で並べる意味はあまりありませんが、覚えておくことに損はないでしょう。

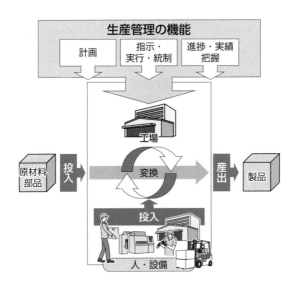

◆**工場を動かす生産管理の仕組み**

2-2 生産マネジメントと工程管理、購買管理を識別する

広義・狭義の生産管理と購買管理の連携

▎生産管理とは生産活動をマネージし、コントロールする機能

　複雑な工場をよどみなく動かしていくためには、高度な仕組みが必要です。その仕組みが**生産管理**です。

　生産管理は海外から持ち込まれた「**プロダクション・コントロール**」という管理手法を訳し、紹介したものです。「プロダクション・コントロール」は、正確には「製造統制」と訳すべきでしたが、生産管理となりました。

　コントロールとは、ある設定された基準値内に収まるように作業を統制することです。統制の考え方から日本の製造業は管理レベルを上げていったのです。しかし、統制・指示の前に、統制すべき基準値を作る業務が存在します。その機能が**計画**です。計画は、生産マネジメントに属する業務機能です。

　計画によって、期限（**納期**）が決まり、投入するヒトや原材料、設備が決まり、必要なモノを調達します。計画によってかけるべきコストと品質が決まります。生産活動を成り立たせ、収益を確保するための指示・実行の基準を作るのが計画です。生産活動の基準値・目標値が作られ、基準値通り、目標値通り生産されたかをチェックし、再計画するマネジメント活動が重要な機能なのです。

▎生産管理には工場を運営する機能がある：生産マネジメント

　生産活動をマネジメントする機能は、工場を運営する機能と考えて良いでしょう。工場経営に関わる計画的な活動です。

　生産計画にもとづき、資材購入計画、人員計画、設備能力計画といった工場の操業計画を立て、かつ、必要に応じて設備投資や外注先への生

産委託の計画を立てます。

　計画は、数量だけでなく、金額換算されます。販売計画や出荷計画、受注があれば売上げの計画となります。在庫計画を行って、生産数量を決めます。在庫計画は資産として、金額計算され在庫金額になります。生産計画から、資材や人員などは費用となって原価に集約され、製造原価の計画となります。**金額に換算された計画値が達成すべき金額上の目標値になります。**金額のもとになった数量、納期、人員数、操業度や稼働率などが実作業における目標値になり、作業をコントロールした結果達成すべき基準値になります。計画的に生産の準備を行い、達成すべき基準を作ることが生産管理における生産マネジメントです。生産マネジメントは工場経営そのものといっても過言ではありません。

生産管理には作業をコントロールする機能がある：製造・工程管理

　生産をマネジメントする計画が立案され、計画が指示に変換され、作業の実行が行われます。作業の指示は、計画にもとづく数量指示と、あ

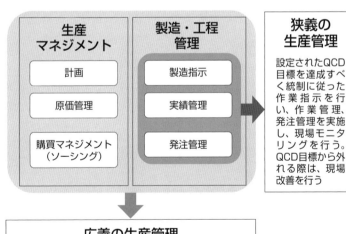

◆生産マネジメントには計画や原価管理、購買マネジメントを含む

52

らかじめ決められた作業標準書に定められたルールに従って実行されます。また、必要資材は計画にもとづいて発注され、入庫されます。入庫された原材料は、製造指示と同期した出庫指示により現場に払い出され、製造に使われます。

指示通り、設定された基準通りに製造がされるようにQCDを管理する仕事が生産管理における製造・工程管理です。

モニタリングする機能：製造・工程管理と生産マネジメント

製造指示が計画した数量通り、納期通りに製造されることを要求します。品質やコストを保証するのは**作業標準書**です。指示通り、基準通り、ルール通りに製造ができたかどうかをモニターするのが製造・工程管理における進捗管理、実績管理です。もし、指示通り、基準値通り、ルール通りに製造できなかった場合、現場でのキャッチアップ指示や改善活動につながっていきます。

製造の実績を集計して、計画に対する実績達成度合い、進捗をモニターし、計画見直しを行うのが生産マネジメントでのモニタリング機能です。実績をお金に換算するのが原価計算、工場会計です。

また、生産マネジメントでは計画に対する予実、見通しを確認します。人が足りなければ雇う、余れば休ませる、設備能力が足りなければ投資するといったお金に関わる再計画と意思決定も行います。

生産活動を成り立たせる購買管理を生産管理に含めて考える

生産計画に連携して購買業務も行われます。本書では工場における原材料、資材の購買活動は生産管理の一要素として扱います。生産活動を成り立たせて、工場収益に影響がある業務だからです。

生産管理と連携して、工場の生産を成り立たせる重要な機能が**購買マネジメント**です。具体的には、品目選定、サプライヤー選定機能があります。この機能はソーシング（2-5、3-5参照）と呼ばれることもあります。

ソーシングは購買管理のマネジメント機能にあたり、適切な品質、適切な価格、適切な納期で納入ができる品目とサプライヤーを選ぶ機能に

なります。ここで選ばれた品目やサプライヤーは、工場のQCDに大きく影響するため、重要な購買マネジメント機能になります。

また、サプライヤーとの連携を計画的に行い、価格をコントロールし、確実な調達を可能にするためにサプライヤーとリスク配分を行う機能があります。サプライヤーとの計画連携機能で、生産マネジメントとして重要な購買マネジメント機能です。

一方、発注、受入れ、入庫、納期調整、仕入れ・買掛計上といった実行業務があります。計画が指示通りに行われることを統制管理します。本書ではこちらを調達管理と呼び、購買計画を受けて業務が遂行されます。

生産管理と隣接する機能との関係

生産管理といっても単独で存在するわけではありません。生産管理に関連する周辺業務に関する機能との連携なくして、適切な生産管理は成り立ちません。設計や生産技術との連携、顧客や営業などの需要側の機能との連携、配車や輸送、貿易といった工場外との物流連携などの重要な機能との関連を合わせて、適切な業務連携を考えなければなりません。

生産マネジメント業務は計画、資材所要量計算、原価計算

生産マネジメントは工場の収益を計画し、統制し、実現すること

生産マネジメントの主要な業務は計画業務

生産マネジメントの主要な業務は計画です。計画には、主に次のような分類があります。

（1）生販在計画

生販在計画は、販売計画や仕販在計画の生産要求、受注や内示といった需要に対して、必要な製品の在庫計画を行い、在庫を賄うための生産計画数を立案する業務です。生販在計画はPSI計画ともいわれます。

（2）基準生産計画

生販在計画の生産計画数を受けて、工場での生産計画数を立案するのが基準生産計画です。生販在計画は、月や週でまとまった計画数であることが多く、月や週単位の計画を日単位の計画に落とし込むのが基準生産計画です。

ここでいう月単位や週単位、日単位の計画のまとまりを「バケット」といいます。

（3）能力計画

基準生産計画を成り立たせるために、生産能力を計画するのが能力計画です。能力計画には、操業計画、人員能力計画、設備能力計画があります。

操業計画では、工場の操業の状態を計画します。実際に生産に使える時間から、朝礼や設備メンテナンスなどの非稼働時間を引いて、実稼働時間ベースの操業時間を計画します。人員能力計画では、操業計画内の

必要な人数、稼働時間、シフト組みなどの人に関わる要求人数、時間工数、シフト回数などを計画します。設備能力計画では、設備の実稼働時間と時間当たりの出来高計画を検討します。

(4) 資材所要量展開（計算）

基準生産計画をもとに、必要な部品や原材料などの構成部品の計画数を展開します。たとえば、自動車1台当たりタイヤ4個、ハンドル1個といった具合に展開していきます。資材所要量計算の結果、製造指図や購買指図が作られます。

(5) ソーシング

購入品目やサプライヤーの選定を行います。購入先候補となるサプライヤーに仕様を提示し、設計や見積りを提供させます。複数サプライヤーの中から1社を選定し、価格や納期、品質などの調達先としての各種交渉を行い、購買先として確定します。

設計が不要な品目や汎用品などは、品目を選定し、同様にサプライヤーを選定します。価格交渉を行い、購入品目と購入先を決めます。

(6) 調達計画

長期的な計画にもとづいた資材所要量計算を行う場合、調達の計画も長期にわたります。長期とは、発注の対象期間を超えた先の期間で、数週間から数カ月先までの計画です。調達計画は、長期的な購入量による購入資材在庫の変動、資金繰り、サプライヤーとの調整などに使います。

◆生産マネジメントの主要な計画業務

生産マネジメント業務	主な生産マネジメント業務の機能
生販在計画	販売計画や仕販在計画の生産要求、受注や内示といった需要に対して、必要な製品の在庫計画を行い、生産計画数を立案する
基準生産計画	生産計画数を受けて、工場での生産計画数を立案する
能力計画	・生産能力を計画する ・能力計画には、操業計画、人員能力計画、設備能力計画がある
資材所要量展開（計算）	・基準生産計画をもとに、必要な部品や原材料などの構成部品の計画数を展開計算する ・資材所要量計算の結果から製造指図や購買指図が作られる
ソーシング	購入品目やサプライヤーを選定する
調達計画	・長期的な資材所要量計算を行う場合、調達の計画となる ・長期的な資材購入量による購入資材在庫の変動、資金繰り、サプライヤーとの調整などに使う

生産計画の中心となる資材所要量計算とBOM

　生産計画の中心は**資材所要量計算**です。完成品から構成品目を計算する際には、構成品目の構造を持つBOMが必要になります。組立型の製造業でいう部品構成表という呼び名は、化学や食品のようなプロセス産業では**成分表（レシピ）**といいます。生産計画で最も重要なシステムが資材所要量計算機能とBOMです。

　資材所要量計算により、必要な製造指示をするための製造指図と必要な発注をするための購買指図が発行されます。

計画に対する実績と今後の見込みを考える

　各種計画に対して実績が収集され、計画に対する実績対比と今後の計画の見通しが立てられます。たとえば、生産能力が落ちたのはなぜか、能力の低下は今後も続くのか、対策はどうすべきか、といった実績を把握した予実対比や見込みを基準に再計画が行われます。計画を立案するには、実績をモニターする機能と再計画をする機能が必須です。

生産活動のモニタリング結果を原価計算によって金額換算する

　数量や時間といった実績を金額換算するのが**原価計算**です。原価計算

によってモノがお金に変えられて、当初通りの原価でモノづくりができているか、工場利益は達成できているのか、といったことが確認されます。

計画に対する予実差異を検証し、コストダウンを行う必要があるか、追加設備投資が必要か、といったお金を生み出す原価に関わる調整や資金繰りに影響する投資の再計画を行います。

▌製造原価報告書の作成と財務関係の連携

原価計算の結果から、**製造原価報告書**が作られます。製造原価報告書は、製造された製品がどれだけのコストをかけて作られたのかをまとめる、いわば工場の成績表です。製造原価は、棚卸資産である製品に振り替えられ、製品在庫の評価額に換算されて、財務会計に連携されます。製品在庫は販売後に売上原価の一部となります。

工場が利益を生む場所だと会社で認識されている場合、工場は**プロフィットセンター**と呼ばれます。その場合、工場から製品に振り替えられる際に工場利益を乗せます。工場の製造原価に工場利益を乗せた製品の価格（価値）を**工場引き渡し価格**といいます。

工場が利益を生まない場所と会社で認識されている場合、工場はコストセンターと呼ばれます。工場からの製品の価格（価値）は製造原価そのものになります。

2-4 製造・工程管理で管理すべきは指示、実行、実績、進捗

製造・工程管理は目標通り、指示通りのQCDを達成することが重要

製造指図を受けて、製造の指示に変換して現場指示を行う

　製造・工程管理は製造指図を受けて、製造指示に変換し、現場作業者に対して指示を伝達します。何を、どれくらい、どの順番で製造するかといった作業に関わる指示数を提示するのです。

　製造指図は作るべき品目数と納期しかありませんが、製造指示はより具体的に作業者にモノを作らせるための情報が付加されます。つまり製造指示では、製造指図では表しきれない詳細工程への展開と作業手順を含む詳細な作業展開を行い、加工順序や組立順序といった具体的な作業手順に落とし込み、現場に指示をします。

実行統制は作業標準書と指示書によって行う

　作業展開は、作業標準書に則って行います。作業順序に従って作業をすることで、正しく順序を守らせ、狙い通りの品質になるように統制します。

　作業指示がシステム化されていない場合は、生産指示数だけ現場に伝えて、現場に備え付けてある紙の作業標準書に従って作業を行います。

　作業指示がシステム化されている場合は、現場の作業端末やHTに作業が表示されます。**システム化されていれば、作業順序を守らないと作業がブロックされるなどの統制を強化することができます。**作業指示に従った実施の結果も、システムによって実績データとして収集できるので、統制だけでなく、実績収集も楽にできます。

　資材の出庫や計量も指示にもとづいて行うように統制します。出庫指示や計量指示がシステム化されていないと人の判断になり、作業品質がバラツキ、精度に問題が起きる場合もあり得るのです。

購買指図を受けてサプライヤーに発注を行い、入庫予定を管理する

　購買指図を受けて、発注をします。発注は、EDI（電子データ交換）やFAX、紙に印刷しての郵送、メール添付での送付などの方法で行います。発注した結果は、**発注残**と呼ばれ、納入・入庫がされるまで残管理がなされます。発注残は入庫予定となり、納入・入庫時の消込の対象となります。

◆製造・工程管理の主要な業務は実行統制業務

製造・工程管理業務	主な製造・工程管理業務の機能
製造指示	・製造指図では表しきれない詳細工程への展開と作業手順を含む詳細な作業展開を行う ・加工順序や組立順序といった作業手順に落とし込み、現場に指示をする
発注・入庫予定管理	・購買指図を受けて、発注する ・発注した結果は、発注残と呼ばれ、納入・入庫がされるまで残管理が行われる ・発注残は入庫予定となり、納入・入庫時の消込の対象となる
実績管理	・指示にもとづいて行われた製造や出庫などの結果を収集する ・出来高や仕損数、不良数などを収集し、良品率・不良率が計算される ・発注に対する納期遅れ件数、先行納入件数、納品物の不良件数なども収集される ・納入実績から、納期遵守率や納入不良率などが計算される
進捗管理	・実績を収集することで、指示に対する進捗も追いかけることができる ・製造指示に対する遅れ、進み過ぎ、発注に対する納入遅れ、納入挽回の状況などの納入進捗が管理される

実績管理と進捗管理からアクションを促す

　製造や出庫の結果は実績として収集します。これを**実績管理**といいます。出来高や仕損数、不良数も実績として収集し、良品率・不良率が計算されます。発注に対する納期遵守率なども発注件数に対する納期の遵守件数から計算されます。

　実績を収集することで、指示に対する進捗も追いかけられます。進捗状況を管理することを**進捗管理**といいます。製造指示に対する遅れ、進み過ぎ、発注に対する納入遅れ、納入挽回の状況などは進捗管理の一種です。

　システム化されていれば、実績を自動収集することができますが、そうでない場合は、紙に記入して記録するといった方法がとられます。紙の場合は、記入漏れ、ミス、まとめ記入による齟齬が起きるなどその精度に問題があり、実績収集にも時間がかかるといったデメリットがあります。

　設備の稼働実績も収集します。始動、稼働、段取り・切り替え、短時間停止にあたるチョコ停、長時間停止などの稼働時間を収集し、設備の稼働時間をまとめます。稼働実績も、システム化して自動収集するか、人の手で紙に記録しながら集計するかによって、精度やリアルタイム性に相違が生じます。

　製造現場では、製造実績や稼働実績を収集、分析して対応を行います。現場の実績データは、設備停止の原因の調査・改善、段取り改善などの活動に使われます。また、進捗管理から、生産遅れに対する挽回策が検討されます。

実績データ収集の省力化、スピードアップ、正確を図る

　しかし、現場の実績データの収集がシステムで行われず、紙などで収集されていると、実績の収集と記入、ミスのチェックと補正、集約が面倒になり、管理がいい加減になることが起きえます。そもそも現場は忙しくてデータなんかとっているヒマはありません。時間が経って、正確性に欠けるデータを集めても使えません。手間がかかるとデータ収集がされなくなっていきます。

　その上、適当に集めたために、間違ったデータになってしまうと、データの信頼性が失われ、分析にも使われなくなります。しかし、データ収集だけは継続され、誰も見ないデータが無駄に人の手で集められ、集計されるといった無意味な状況も生じます。

　実績データの収集はシステム化して省力化と、スピードアップし、正確なデータが集まるようにします。製造現場で収集された実績データは、ある期間でまとめられて生産マネジメント側にフィードバックされ、分析や意思決定に活用されるので、大切なのです。

購買・発注・納期管理とソーシングを識別する

サプライヤー選定、価格交渉、サプライヤーキャパシティと納期管理

購買管理では、サプライヤー選定業務を行う

生産管理システムでは購買管理や発注管理が重要です。これらは生産活動を成り立たせる重要な機能だからです。

購買管理では、実際に発注を行う前の準備として、確実な発注・納入を成り立たせるための購買マネジメント業務が必要となります。購買マネジメント業務は生産マネジメントの一要素です。

まず、部品や原材料を買う相手であるサプライヤーを選ばなければなりません。仕入先はどこでも良いわけではなく、調達する品目の十分な品質、コストが達成されなければなりません。サプライヤーとして十分なレベルの業務ができるかどうかが重要な観点になります。また、永続的に供給が可能かどうかといった、企業の信用力や規模も重要です。

生産活動が滞りなく行えて、永続的な付き合いができるかどうかを判断し、サプライヤーを選定します。

購入単価の交渉、決定、その他の条件を事前に取り決める

サプライヤー選定と並んで重要な業務は、**仕入れる部品や原材料の価格を決めること**です。設計部門と連携して仕様を渡し、見積りをとります。

製品を企画したときの見積原価に合わない場合は、コストダウンの交渉を行い、価格を決めていきます。併せて、納入形態や不良率の許容範囲、納期、納入形態の決定、輸送方法と費用負担、請求と支払期限、支払い方法の合意を交わします。

サプライヤーを選定し、購入品目を特定し、価格を決定する業務はソーシングと呼ばれます。

資材所要量計算結果から調達計画を立案し、サプライヤーと合意する

サプライヤーを選定し、仕入価格が決まり、取引が始まったら、必要に応じて調達計画を開示します。調達計画を開示することで、長期的な計画にもとづいて仕入数量を示して供給を確実にする交渉を行います。

計画はあくまで計画なので、変動する可能性があります。そのために、**計画が上振れする許容幅や下振れした際の補償の有無**などを決めておかなければなりません。上振れ幅が決まっていれば、発注数量が増えても、合意した範囲内であれば供給が保証されます。下振れした際に補償があれば、サプライヤーサイドも重要取引先として扱ってくれます。

長期的な計画にもとづいた資材所要量計算を行い、調達計画を立案してサプライヤーと共有することは、仕入れを確実にするための計画業務です。発注数量や引き取りの保証をする必要があるため、資金繰りや在庫に影響が生じるので生産マネジメント上の重要な意思決定事項になります。

購買指図を受けて、サプライヤーに発注を行う発注管理

直近の資材所要量計算を経て購買指図を発行します。資材所要量計算と購買指図の実行機能責任は生産管理部門である場合と、購買部門である場合があります。

コンプライアンスの視点から発注計算をする部門と発注をする部門を分けるほうが良いので、本来資材所要量計算を行い、発注数を計算して購買指図を作る役割までは生産管理部門、発注は購買部門という機能分担が望ましいでしょう。発注を行う機能は購買管理の機能です（なお、購買機能に関しては、購買管理として独立して書かれている書籍もありますが、本書では、生産を成り立たせるものとして工場の機能に含まれ、購買機能である発注業務は、実行機能として製造・工程管理の一部として論じます）。

発注業務では、複数社に発注する複社購買機能が必要になる企業もあります。また、発注の方法もEDI連携、FAX、発注書のメール送信、郵送などの方法があり、各手段に応じ、それぞれ対応します。

サプライヤーの納入実績を収集し、QCD管理を行う

サプライヤーへの発注後、実際の納入実績を記録し、納期遵守率や不良率などの測定を行います。納期遅れが発生した場合は督促し、発注残が累積した場合はさらに厳しい督促を行います。品質問題が起きた場合は、工程の調査を含め、改善指導を行うことで、確実な調達を可能にし、生産活動を支えます。

また、定期的にコストダウン交渉も行います。仕入単価が下がれば原価改善に貢献することができるからです。

サプライヤーに発注を行う購買発注管理と納期管理や、QCDの実績管理の業務は実行統制業務と実績管理業務になります。生産マネジメントによる計画にもとづいた指示と実行・実績管理になるからです。

◆ソーシングと購買発注・納期管理

ソーシングと購買発注・納期管理業務	主なソーシングと購買発注・納期管理業務の機能
ソーシング	・価格や納入形態・納入品質（良品率など）や納期条件を決めるマネジメント業務のこと ・購買活動のQCDを維持する前準備として、企業間の交渉として行う ・サプライヤー選定：購入先となるサプライヤーを選定する ・価格交渉：購入する品目の価格を交渉し、取り決める。定期的なコストダウン交渉も行う ・サプライヤーキャパシティ：サプライヤーの納入が確実に行われるように、サプライヤーの製造キャパシティを管理する
購買発注・納期管理	・購買指図を受けて、発注・入庫予定管理を行う ・サプライヤーの納入実績を収集し、QCD管理を行う

2-6 生産活動の収支を管理する原価管理

工場のお金の流れを管理し、収益を見える化する

工場が管理する原価は製造原価、目的は原価統制と原価低減

　原価には**販売原価**と**製造原価**があります。このうち工場で管理するのは製造原価です。

　原価管理の目的は主に原価統制と原価低減にあります。**原価統制**とは、予算（計画）によって原価の基準を決め、決めた通りの生産を行えるようにコントロールすることです。決めた通りに生産が行えないとコストが増大し、損失を生みかねません。たとえば、作業時間を決めた通りに行えるようにすることで、コストを基準通りに収めることができるわけです。もう1つの目的が**原価低減**です。工場で利益を稼ぎ出すには、当初決めた原価をさらに改善して低減させる必要があります。いわゆるコ

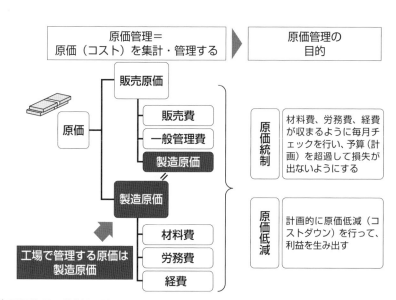

◆原価管理の役割と目的

ストダウンです。一度決めた原価を金科玉条のごとく守るのではなく、計画的に改善することでより安く作れるようにするのです。

工場の収益を管理する原価計算とは何か？

それでは、原価計算とは何でしょうか。モノを作る際には、コストがかかります。生産の結果、かかったコストを集計したものが**原価**になります。原価計算とはコストを集計する手法なのです。

原価は、次の3つのコストを集計したものになります。

● **労務費**

労務費とは、工場で働く人たちの、いわゆる人件費のことを指します。製造現場で働く人、フォークリフトを運転する人、設備を整備する人、生産管理部門の人、工場経理の人、工場の人事部、総務部などの人に関わる人件費を労務費と呼びます。

● **材料費**

材料費とは、生産に投入される部品や原材料のコストを指します。

● **経費**

経費とは、労務費、材料費以外の生産に関わるコストを指します。水道光熱費、設備の償却費、修繕費、原材料などの廃棄に関わる費用、保険料、工場建屋の償却費、固定資産税など、さまざまなコスト項目があります。

原価は直接費と間接費に分かれている

上記の労務費、材料費、経費は直接費と間接費に分けられます。**直接費**とは、モノ＝品目を作るのに直接集計できるコストです。それに対して**間接費**とは、モノ＝品目を作るのに直接集計できず、間接的に比率などで案分して割り振る費用のことです。この案分方法を**配賦**といいます。直接費と間接費は次ページの表のような内容です。

◆直接費と間接費の分類

直接費	間接費
直接労務費 ・製造現場で製造に関わる作業者の人件費 ・作業者単価である賃率と作業時間（賃率×工数）で製造された品目に集計される	**間接労務費** ・生産管理部門や生産技術部門、工場経理などの直接製造に関わらず、間接的に関わる部門の人件費 ・間接労務費は一度費用をプールし、品目の生産数量などの配賦基準でルールに従って品目に配賦する
直接材料費 　製造に使われる原材料	**間接材料費** ・製造に直接使われず、間接的に使われる。潤滑油、回収・再生される触媒、一時的な保護材など ・間接材料費も配賦基準によって配賦される
直接経費 　製造に直接使われる経費。金型の償却費、外注加工賃	**間接経費** 　生産管理部門や生産技術部門、工場経理などの間接部門の労務費、水道光熱費、工場建屋の減価償却費、固定資産税など

　直接費は、製造ごとに製造品目に直接集計（直課）されるのに対し、間接費は一度経費がプールされます。経費を一時的にプールするのを**原価センター**といいます。配賦により、原価センターに集計された間接費が各品目にコストとして配分されます。

原価は仕掛品勘定に集約され、工場出荷時に製造原価に振り替える

　会計的な仕訳処理では、労務費、材料費、経費は直接・間接を問わず、仕掛品に集約されます。**仕掛品**とは在庫のことです。原価は一度仕掛品という在庫資産に計上されますが、工場出荷時に製造原価に振り替えられます。この場合の工場出荷とは、営業への引き渡しか、外部への売上げを意味します。原価計算はコストを仕掛品という在庫に集計することで、それぞれの品目の原価になるのです。

　コストが上がり、原価が悪化すると仕掛品の評価額が上がってしまい、製造原価に振り替える際の金額が上がります。そうなると利益が下がるわけです。在庫の金額も増え、製造原価も上がってしまうのです。

　コストダウンとは、各原価費目を改善により下げて、仕掛品に集計されるコストを減らすことをいい、仕掛品の在庫金額を下げることによっ

て製造原価に振り替える原価を下げているのです。仕掛品の評価額が下がり、製造原価へ振り替える原価が下がれば、それだけ利益が増えるわけです。

原価計算は生産マネジメントと統合して考える

　原価は、生産計画によりあらかじめ計画された"ヒト"と"モノ"である程度決まってしまいます。計画したコスト通りに製造するために、製造を指示・統制し、実績を収集して、素早く原価計算しなければなりません。計画と実績を対比し、予定通りか、問題があったのかを把握し、改善のアクションを打つ必要があるのです。

　原価計算は単なる経理による集計作業ではありません。工場の生産をマネージするための重要な指標であり、"PDC"サイクル（76ページ）の"C"にあたる**結果や差異をタイムリーにフィードバックする必要がある**業務なのです。

原価計算と原価管理は生産管理の3Mの"Money"を扱う

　生産管理の言葉で4Mとは別に、**3M**という言葉があります。3Mは、ヒト（Man）、モノ（Mono:設備や原材料、部品）、カネ（Money）です。3Mという言葉は、4M同様とっつきやすい言葉ですが、それ自体にさほど意味はありません。生産管理は、ヒト・モノ・カネを扱う仕事と一般にいわれるため、わかりやすく略して3Mと呼んでいるのです。

　今まで生産管理として紹介されている多くの書籍が、Moneyにあたる原価計算や原価管理が抜けています。モノの動きやヒトの動きだけを管理すれば終わりではなく、すべての活動を金額に換算して事業として把握することは、生産管理としては必須です。

　原価管理なき生産管理は会社の収益最大化の目的に貢献するためには力不足です。生産管理における生産マネジメントの領域には原価管理は必須なのです。

2-7 生産管理に関わる周辺業務とその関連

需要、品質、倉庫、出荷、配車、貿易、設計とのつながり

生産管理と周辺業務機能の連携の重要性

生産管理の業務は、生産管理単独では成立しません。関連する業務機能との適正な連携があってはじめて、質の高い生産管理業務が成り立ちます。また、生産管理に関わるシステムも工場の外のシステムと密接に連携しますから、生産管理の周辺業務との関連は明確にしておかなければ良いシステムも導入できません。

需要情報連携としての仕販在計画、内示・受注情報

生産管理の周辺業務として、生産管理業務や生産管理で使用するデータの入口になるのが**需要情報**です。需要情報は仕販在計画の仕入計画や内示・受注などの情報です。

仕販在計画とは、販売計画に対する製品在庫計画を行い、在庫を賄うための営業としての仕入計画を立案することです。**仕販在計画は、販社や営業部門が立案します。**仕販在計画の仕入計画が生販在計画や生産計画のインプットになります。

仕販在計画による仕入計画は、取り決めによっては営業からの生産組織への発注だったり、販社からの発注だったりします。本来、営業部門は同じ会社内にあるため、発注という言い方はおかしいのですが、慣習的に発注と呼んでいることがあります。また、販社の場合は別企業になっているため発注と呼んでも差し支えないでしょう。

仕販在計画による仕入計画とは別に、直接顧客から寄せられる需要情報もあります。顧客からの内示や受注です。内示や受注も需要情報として生産計画のインプットになります。

出荷管理連携としての出荷指示、配車、引き渡し、入荷実績収集

　顧客の発注は自社の受注になります。受注や納入指示を受けて、出来上がった製品に出荷指示が出されます。

　出荷指示を受けて、倉庫にある製品の在庫を引き当てて出庫指示がかかり、ピッキング指示になります。このとき、出荷ロットの先入れ先出しを行う、先の出荷のロットナンバーよりも古いロットナンバーが出荷されるロット逆転を起こさない、といった制御が必要になります。

　先入れ先出しやロット逆転防止を行うためには、倉庫管理システムに対して製造管理におけるロットナンバーの引き継ぎが必要になります。

　出荷が決まれば、配車計画を行い、トラックを手配します。トラックが来たらピッキングした製品を引き渡し、必要に応じて顧客への入荷実績データを取得したり、納品受領書を受領したりします。工場での売上

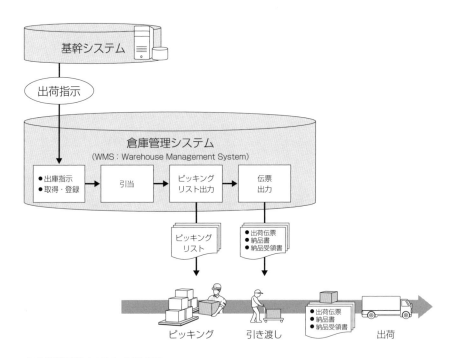

◆倉庫管理システムの仕組み

げ計上に必要だからです。

出荷後の物流トラッキング、貿易業務との連携

出荷後、顧客に到着するまでを追いかける業務が**物流トラッキング**です。物流トラッキングは、輸送途中のステータス管理を行います。港を出た、港に着いた、コンテナヤードにある、通関手続き中、通関完了といったステータス管理を行います。

物流トラッキングのステータス管理を行うためのデータをいち製造業が保持したり、収集したりすることは不可能です。物流トラッキングデータは、通関業者、船会社、航空会社、トラック業者などに分かれているからです。しかし、**現在ではこうした物流トラッキングを収集して提供してくれる会社もあります**ので、そうした会社を活用するといいでしょう。

また、輸出の場合は、荷物の中身を示すパッキングリスト、請求用インボイス、出荷指示を行うシッピングインストラクションなどの貿易業務で必要な文書を作る業務も必要です。

貿易業務に必要なデータは主に文書として存在します。貿易管理の仕

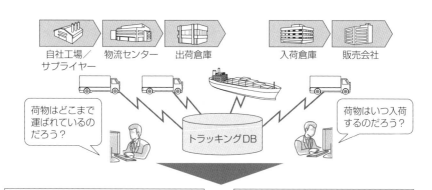

◆物流トラッキングの概要

組みのかなりの部分が、貿易に関わる文書のデータベース化になります。ただし、貿易文書に書かれる情報は、基幹システム（ERP）の出荷データにあることも多く、**できれば貿易管理システムを導入し、基幹システム（ERP）と連携したい**ところです。

エンジニアリングチェーンとしての設計、生産技術との連携

既に重要性には触れましたが、生産準備として設計、生産技術と連携して、生産BOMやサービスBOMを作る業務があります。設計変更の迅速な連携や、試作、新製品立ち上げ、量産化、量産終了、サービスパーツ化といった製品のライフサイクルに関わる業務の変化やシステム連携は、生産管理にとって影響が大きいため、業務ルールもシステム連携もきちんと決めておくことが必要です。

◆生産管理に関わる周辺業務

生産管理に関わる周辺業務	主な生産管理に関わる周辺業務の機能
需要管理	・生産管理業務や生産管理で使用するデータの入口になる ・需要情報として、仕販在計画の立案や、内示や受注情報を取得する
出荷管理	・受注や出荷指示によって、出来上がった製品を出荷する ・出荷するためにトラックなどを配車し、納入先に荷を引き渡し、入荷実績収集を行う
物流トラッキング	・出荷後、顧客に到着するまでを追いかける業務 ・輸送途中のステータス管理を行う
貿易管理	・貿易に必要な書類を用意することと、貿易業者に指示を与える
設計・生産技術	・生産BOMやサービスBOMを作る ・生産を実行する前の準備として重要な業務連携になる

2-8 生産マネジメントとしての工場横断・グローバルマネジメント

工場横断化、グローバル化する需給管理、生産配分、購買管理

製造業は販売や生産・調達のグローバル化が進展

製造業の取引がグローバル化してだいぶ経ちます。既に日本の製造業の多くが海外で販売し、海外で生産しています。

世界中に顧客がいて、販社が設立されています。工場も世界中に建設され、部品や原材料も各国から調達されています。

複数の国の販社に対し、複数の国に存在する工場から出荷されています。工場間でも部品の取引があり、複雑なサプライチェーンになっています。また、同一製造業の複数の工場から注文を受けるサプライヤーがいて、工場間の調整も必要になってきています。

生産管理がいち工場内の生産マネジメントと製造・工程管理であった時代から、国をまたいでの管理に拡大することで、管理が複雑化しています。

世界中の販社と連携するグローバル仕販在計画

各国販社にきちんとモノを届けるためには、計画的な生産と調達が必須です。国境をまたいだ取引は、輸送を船に頼る場合、生産と物流を合わせたリードタイムが2カ月、3カ月に及ぶことがあります。

この**期間の変動を吸収するために、製品や部品で持つべき在庫数量の合意や、コストを適正化するための工場能力の準備を行うためにも、海外の販社の仕入計画が必要になります。**

国をまたいだ分業によりグローバル生販在計画管理が必要に

また、工場間でもやり取りがあります。そのため、各国工場の生販在計画を統合します。**工場や国をまたいだ生産計画の共有が必要です。**生

73

産マネジメントの視野がいち工場にとどまらず、世界中の工場の計画管理と収益管理に拡大されているならば、各国工場の計画統合と予算統合管理が必要です。

複数工場間で同じ製品を作っている場合、お互いに生産調整が必要になる場合があります。たとえば、A国の工場で生産数量が過剰になり、能力的に賄いきれなくなった場合、同じ製品を作るB国の工場に生産を振り分け、顧客に迷惑がかからないようにすることがあります。

こうした業務を**生産配分**といいます。相互の工場の生産能力を把握し、調整をすることが必要です。また、ある工場でのトラブルで生産が継続できない製品を別の工場で引き取ることもあります。

国をまたいだ生産配分調整は、物流リードタイムが相違したりすることがあり、需要に対して生産計画を立案する対象期間が変わったりするので、調整が難しくなります。たとえば、北米市場製品を北米工場で作る場合は次月生産計画への反映、中国製造の場合は3カ月先への反映となるなど、計画の対象となるタイミングがズレるのです。

また、生産配分を行うことで、他の製品の生産に影響することもあり、調整が必要になるのです。生産能力や調達した部品が制約になる場合、どちらを優先すべきか、といったことを調整する機能も必要です。

生産配分を行うためには、グローバルの仕販在計画、生販在計画と生産計画、能力計画、調達計画を可視化することが必須です。

グローバル調達品の管理も必須に

調達もグローバル化しています。複数の国の複数の工場から1つのサプライヤーに調達がかかることも普通になりました。もし、各国の工場が同じ部品や原材料を取り合うのであれば、工場間、工場とサプライヤー間を調整する**グローバル調整機能**が必要になります。

調達のグローバル調整にもグローバルで統合された仕販在計画、生販在計画と生産計画、調達計画が必要です。

グローバルな原価管理も不可欠

　各国工場の原価管理も統合して行えることが理想です。どの工場の原価が優れているのか、問題があるのかを横並びで可視化できることが重要です。

　生産性が高い工場、品質が高い工場、納期遵守力が高い工場、もしくはその逆の場合にも工場を可視化し、本社から改善要求が出せるようにします。

グローバル計画統合、受発注の整理とシステムの標準化

　グローバル調整を行うためのグローバル計画と受発注に関わるシステムは、一元管理ができる可視化を提供しなければなりません。できれば同一のシステムで業務を行い、データを一元管理できるのが理想です。各工場が勝手なシステムを導入するのではなく、グローバルに導入すべきシステムを標準化していくことも必要です。

◆生産マネジメントとして工場横断・グローバルマネジメント周辺業務

生産グローバル マネジメント周辺業務	主な生産グローバルマネジメントに関わる業務の機能
グローバル仕販在計画	• 世界中の販社の仕販在計画を統合して、各工場に連携する • 世界中の販売計画を統合して管理し、併せて世界中の製品在庫数量・金額を統制する
グローバル生販在計画	• 世界中の工場の生販在計画を統合し、各国で生産能力を調整したり、お互いの部材の生産要求計画を連携する • 工場間で生産数量や生産能力に不釣り合いが生じる場合に調整する
グローバル調達管理	• 各国工場の調達先が同じ場合、時に取り合いが発生する • 同じグループの工場が競合しないように、グローバル部品サプライヤーと統合的に調整する
グローバル原価管理	各国工場の原価を収集・比較し、改善を促す
グローバルシステム統制	各国で同じシステムを導入できるように、システム導入を統制する

生産管理の未来②
Production Controlは生産管理か?
先人の頑張りへの敬意と
製造統制を生産管理と訳した影響

■米国に追い付け追い越せ、「安かろう・悪かろう」を見返す夢

戦後、日本は米国の科学的管理手法を取り入れました。統計的品質管理手法を学び、QCやIEなどの手法を導入しました。日本国内でも改善技術の研究が盛んに行われ、品質と生産性の向上は目を見張るものがありました。「安かろう・悪かろう」と日本製をバカにする風潮を見返して、日本は世界も称賛する品質と生産性を誇る国になったのです。

■Production Controlを生産管理と訳し、PDCをPDCAにしてしまう

現場改善による生産性向上を成し遂げた日本は、こうした統制・改善手法を導入する際、**Production Control**を「生産管理」と訳してしまいました。

そのため、改善技術ばかりが重視され、生産マネジメントの側面を理解する人があまりいない状態になったのです。生産管理において重要な計画業務を一部の人材が作業的に行うだけで、計画が工場の収益を決める重要な意思決定だといった意識は希薄でした。

また、PDC（Plan、Do、Check）という計画、実行、検証サイクルに勝手にA（Action）をくっつけてPDCAサイクルにしてしまいました。アクションは即対応であって、反射的な不具合補正の対応に目が行ってしまい、長期的な計画対応（Planning）への志向性を阻害しました。今でも、多くの製造業で「モグラ叩き」のような事後対応に追われて先読みした事前計画対応ができていないのは、計画対応（PlanとCheck［検証］にもとづくReplan［再計画］）を促すPDCにAを付けてしまったマインドを持つからでしょう。生産管理は計画的な対応も重要なのです。

■現場主義は今も重要だが、それだけでは"マネジメント"ではない

もちろん現場主義は今も重要です。しかし、それだけでは先読みし、制約条件の中で資源（リソース）を計画的に活用して工場収益を最大化するための経営活動がおろそかになります。**生産管理の主な役割は作業改善ではなく、生産活動をマネジメント（経営企図）することなのです。**

第 3 章

生産管理業務と関連システム(1)
生産マネジメント

業務の流れから見た 生産管理

業務の流れで生産管理の全体像と必要なシステムを知る

業務プロセスとシステムは切り離せない

　生産管理システムを導入、構築するにあたり、業務の流れがわからずに個別の詳細機能だけを追っても意味がありません。ある業務で行う細かい作業の要件だけを満たしていても、関連する業務に必要な十分となるデータや機能が提供できるとは限らないからです。

　たとえば、請求書を自動で作成するようなシステムを構築する必要に迫られたとしましょう。このとき、請求書の項目を印刷するような仕組みとして検討するとします。この場合、たしかに、必要な項目を引っ張り出して印刷する機能は作れますが、そもそも、顧客や顧客住所、出荷した品番や数量、出荷されたロットナンバー、出荷日、納入先などは出力できるのでしょうか。

　私が知る製造業での例です。請求書を作る前に、受注担当、生産担当、出荷指示担当が別々に作業を行い、その結果が請求書に集約されていました。しかし、各組織での作業の連携を無視して請求書システムが設計されたため、請求書を作るために必要なデータがシステムになく、結局必要なデータを全部画面に手打ちする印刷用ワープロのようなシステムになってしまいました。

　もし、システムを直す、もしくは再構築するのであれば、業務の流れに沿って、受注時の登録、精算時の登録、出荷指示での登録などの流れを追ってデータの連携と必要な機能を作り上げ、請求書の作成段階では事前の作業データを引き継いで自動作成にすべきです。そうでないなら、それは請求書システムではなく、ワープロに等しいです。

　また、設計段階では請求担当が最後にミスのチェックを行う仕様でした。しかし、そうしたチェック作業は、業務プロセスの上流にあたる受

注などの段階でシステム的にチェックすべきです。上流の業務でミスを
なくしてしまえば、請求担当のチェックが不要になるからです。

このように、システムを作る際は業務プロセスに沿って要件を抽出し、
業務を設計した結果からシステム機能を明らかにしていったほうが優れ
た業務とシステムが出来上がるのです。

個々の組織で別々に、業務は業務、システムはシステムと分かれて要
件を決めるのではなく、業務プロセスに従って、業務とシステムは一体
で検討すべきなのです。

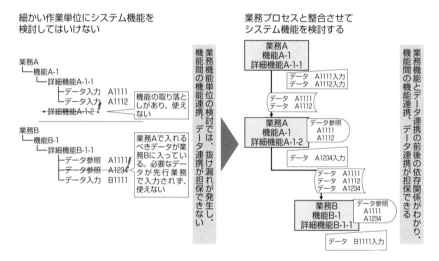

◆業務プロセスとシステムは切り離せない

業務プロセスを知る意味とパッケージ化の流れ

システム部門の提案で実際の業務のことをよく理解せずにシステムが
導入されたり、ユーザー側の要求を受けて使いやすいようにあらゆる要
求機能を取り込んだりして、とんでもない開発ボリュームになることが
あります。システム部門が現場のことをよく知らない状態でシステムを
導入すると、使えないものになるか、作りこみ過ぎて工数とコストを増
大させるか、いずれかの状況に陥ります。

以前のように、生産管理システムが自社開発であれば、現場側の要求にすべて応えることができたでしょう。しかし、現在はパッケージが主流です。

　パッケージシステムの導入となると、何でも好きな機能が実装できるわけではありません。業務機能の中から、必須の機能と実装しなくても良い機能を識別しなければなりません。

　また、そもそも導入するパッケージシステムが自社の業務機能に合っているのかどうかも判断しなければなりません。そのためには、**パッケージを選定する際に、自社の業務プロセスと必要な機能を把握している**必要があります。

　業務プロセスを知っていれば、必須な機能、あれば良いがなくても何とかなる機能、不要な機能が識別でき、低コストで安全にシステム導入ができます。また、間違ったパッケージを選ぶリスクも下がり、追加開発の要否の判断もできます。システム導入に対し、業務プロセスを知る意味は大きいのです。業務プロセスの流れを押さえることで、必要なシステム機能がわかるからです。

▌生産管理パッケージシステムは業種特性と生産方式に注意

　生産管理のパッケージを導入するにしても、何でもいいわけではありません。パッケージシステムには得意不得意があります。

　特に注意するのは業種特性です。組立系の業種に合うパッケージシステムと化学品、薬品、食品といったプロセス系の業種に合うパッケージシステムがあります。両方ができるというパッケージもありますが、精査が必要です。

　また、生産方式も重要です。見込生産に適合したパッケージ、受注生産に適合したパッケージ、個別受注生産に適合したパッケージがあります。それぞれ、得意不得意があるので、自社の業種特性や生産方式に適合しないパッケージを選ぶと大失敗します。きちんと見極めて適合するシステムを選択することが必要です。

3-2 生産マネジメントの核は計画管理と原価管理、KPI管理

計画はSCPとERP、原価はERP、KPIはBIで管理する

生産マネジメントによる計画機能の概要

生産マネジメントの主軸の1つは計画機能です。 計画機能が生産マネジメントの主軸になる理由は、経営的な判断を行うためです。

計画によって、先々生産活動に使われるヒト、モノ、カネが決まります。ヒト、モノ、カネが決まることで、生産高が決まり、費用や原価が決まり、工場の利益が決まります。計画とは、生産活動をマネージしているといえるのです。

生産マネジメントの計画機能の中で核になるのは生産計画ですが、生産計画といっても多様な形態を持っています。生産計画は、単純に生産の数量を計画するだけではありません。もっと複雑な計画と判断を行っています。生産計画は、生産数量を中心にして、時間軸に沿って、立案すべき時間軸階層を識別した計画が必要なのです。

時間軸とは何でしょうか。時間軸とは計画の対象期間を指します。長期計画、中期計画、年度計画（3-4参照）、月次計画、週次計画、日次計画、生産順序計画といった時間軸の階層があります。

◆計画の階層① 時間軸

計画の時間軸階層	対象期間
長期計画	3年から5年先
中期計画	3カ年計画、1年から3年先
年度計画	年度単位の計画、1年から1.5年先
月次計画	月単位の計画、1，2カ月から数カ月先
週次計画	週単位の計画、1週間から数週間先
日次計画	1日単位の計画、1日から数日
生産順序計画	時間単位の計画

この中で、日次計画や生産順序計画は、より実行指示に近い業務なので、製造・工程管理の機能分類と考えて良いでしょう。マネジメントというよりは、指示にあたっているので、次章で詳しく説明します。

時間軸の階層があることで、各階層で意思決定された計画結果が、お互いの階層に影響を及ぼし合う状態を生み出します。影響とは制約条件です。上位の長い期間の計画が下位の計画の制約条件を決めるのです。たとえば、中期計画で決まった生産能力計画が制約条件となって、月次計画で使える生産能力上の制約をもたらします。中期計画で毎月160時間だけ生産可能な能力の時間が設定されたとすると、月次計画では計画された160時間の範囲を制約条件として月次の生産計画を組まなければならなくなるのです。

計画の階層には地理的・物理的な拠点階層もあります。営業が顧客への販売計画を立案する**需要計画**、営業倉庫の"売る"、"仕入れる"、"在庫を持つ"計画である仕販在計画、工場倉庫の"作る"、営業倉庫に"引き渡す"、"在庫を持つ"計画である生販在計画、工場の"生産要求数"を計画する**基準生産計画**です。

需要計画にも階層があります。需要計画とは、需要予測、キャンペーン計画、顧客内示、受注などが混在する需要を取りまとめた計画です。

仕販在計画は販売計画（＝需要計画）、在庫計画、仕入計画を取りまとめた計画です。営業倉庫の計画にあたります。営業倉庫が複数ある場合は、各営業倉庫別に仕販在計画が立案されます。

生販在計画は営業倉庫の仕販在計画と連携して行う、工場在庫の計画になります。複数の営業倉庫の仕販在計画の仕入計画を取りまとめて、工場倉庫の販売計画（＝**出荷計画**）とします。複数の営業倉庫への出荷計画を賄うために必要な在庫計画を立て、在庫を維持するために必要な生産計画数を立案します。

一般的な生産管理の教科書では、生販在計画の販売計画（＝出荷計画）が総所要量、生販在計画の生産計画が正味所要量と呼ばれます。本書ではあえてこの呼び名は使いません。所要量という言葉には、単なる算出結果という意味があるからです。計画には人の意思が入ります。計画は、

単なる計算結果である所要量ではなく、制約条件やさまざまな将来リスクを加味して人が意思を込めて決定するものなのです。

　生販在計画の生産要求計画を受けて、基準生産計画が立案されます。

　基準生産計画は、仕販在計画の数量を生産しやすい数量にまるめます。生産で効率の良い最小生産単位にまるめるのです。たとえば、1台しか要求がなくとも、意思を込めて10台の基準生産計画を立てるのです。

　基準生産計画は資材所要量計算（MRP）を行うための情報としてインプットされます。先の例でいえば、10台の製品を作る基準生産計画数がMRPに引き渡され、MRPでの資材所要量計算が実行されるのです。

　MRPへのインプットは**独立需要**、**独立所要**とも呼ばれます。MRPに引き渡される前の仕販在計画、生販在計画、基準生産計画の立案はSCPが担います。

　MRP（ERP）の資材所要量計算により、必要な構成品目の所要量が計算されます。多段工程にわたって、各工程での所要量（従属需要または従属所要）が計算されます。正味所要量の直近の部分は製造指図と購買指図として切り出されます。

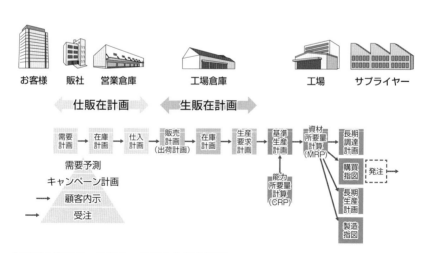

◆計画の階層②　地理的・物理的な拠点階層

　指図発行をされない長期の所要量は長期生産所要量、長期購買所要量

になり、長期生産計画、長期調達計画として保持されます。長期生産計画は能力計画と関連して、生産能力が足りないときには前倒し生産計画、生産能力が余るときには能力を抑えたり、生産数量が多く生産能力がひっ迫する他の工場の生産計画を割り当ててもらったりします。長期調達計画は、サプライヤーとの調整に使われます。

　計画業務で重要な能力計画ですが、残念ながらMRP（ERP）では機能が不十分であまり使えるものがありません。そのため、通常は表計算ソフトを使ってシステムの外部で必要な**能力所要量計算**（**CRP**：Capacity Requirement Planning）を行うか、SCPでCRPを実施することが一般的です。

　SCPでCRPを行う場合、ラフに行う方法と、多段工程で精緻に行う場合の計画の立案方法の選択が必要になります。ラフに行う場合は、ボトルネック工程に注目して、工場全体で"日産（1日の生産量）何台"といったラフな計画をします。

　詳細に行う場合は、時間単位で各工程の負荷積みを行います。多段工程にわたって、工程別にCRPをSCPで行います。その際は、SCPで多段工程の製造品目の所要量展開を行います。

　計画の立て方を決める際、SCPを使うのか、MRPを使うのか判断が必要になります。**能力計画が必要であればSCP、必要でなければMRP、必要であってもシステム化まではしないのであればMRP＋表計算ソフト**といった選択肢があります。計画の立て方次第で選択が変わり、結果として業務プロセスとシステム配置、システム連携の形態が変わるのです。すなわち、業務の形態に合わせたシステム構成（**システムアーキテクチャ**）の検討が重要になります。

　こうした業務検討の作業を飛ばして、いきなりパッケージベースの要件定義に突入すると、システム設計がうまくいかず、プロジェクトが混乱する要因になります。機能配置がきちんと決まってない段階で、個別機能の要件定義を別々に行うことで、思い込みと予断、連携不足による齟齬が発生するからです。

	需要計画	仕販在計画	生販在計画	基準生産計画	資材所要量計算(MRP)	能力所要量計画(CRP)	製造・調達指図
長期計画：3年から5年	生産マネジメントの対象業務				ERP	SCP	ERP
中期計画：3年							
年度計画（予算）	表計算ソフトSCP						
月次計画							
週次計画	製造・工程管理の対象業務						
日次計画					スケジューラー		
生産順序計画							
原価管理	ERP＋BI						
KPI管理	生産マネジメントの対象業務						

◆生産マネジメントにおける計画管理と原価管理、KPI管理の主な対応システム

生産マネジメントによる原価管理の概要とKPI管理

　計画から指示につながり製造が実行されると、実績が収集されます。実績のうち、原材料、仕掛品の投入（＝使用実績）、仕掛品や完成品の生産実績（良品、仕損）がMESから収集され、ERPに連携されます。

　工程ごとの作業時間がMESで取得できれば、作業時間がERPに連携されます。ERPにはMRPが搭載されています。ERPのMRPを使って、製造指図単位に実績を積み上げ、指図を消し込んで原価計算をします。

　指図に対し、コストに関わる実績を直接割り当てる"直課"ができない間接費用は、原価計算モジュールで別途配賦され、製造原価が計算されます。標準値をもって標準原価計算を実施し、実績で実際の原価の計算を行って原価差額の分析を行います。

　また、間接労務費の実績データのうち、作業時間をどの職場、工程、作業に割り付けるのかを判断する**配賦基準データの保持はERPでは困難なため、別途勤怠管理用のシステムもしくは勤怠管理モジュールから連携する**ことになります。簡素化する場合は、工程などの中間部分に配賦せず、完成品に直接配賦する方法もあります。

　原価計算でもBOMが使われます。所要量計算で行われた構成部品の

計算処理とちょうど逆に、構成部品から上位の品目、製品まで積み上げ計算をするからです。たとえば、所要量計算で1台に対し4個の部品が必要となる製品が生産されたとします。原価計算では、4個の部品を使って1台の製品が出来上がったということで、4個分の材料費が集計されるのです。1⇒4と逆に4⇒1と材料費を足し算するわけです。

したがって、**所要量計算で使った生産BOMと原価計算で使われる原価計算BOMは統合する**必要があります。所要量計算と原価計算でのBOMを統合させておくことで、所要量計算と原価積算（＝積み上げ計算）が統合できるからです。

計画に対して実績が同じ構成で積算され、確認できることが理想ですから、生産BOMと原価計算BOMを統合することが理想です。しかし、実現は難しいのが実態です。

原価計算としてより精緻に計算したいという原価計算部門の意向が働き、生産BOMを活用せず、原価計算で特別な構成のBOMを定義することも一般に行われています。こうしたケースでは生産BOMと原価計算BOMは別物になり、別管理の手間も発生します。

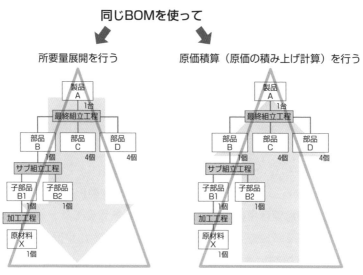

◆所要量計算と原価計算の違い

3-3 最初に押さえるサプライチェーンの計画連鎖とサイクル・バケット

拠点・機能をつなぐ計画連鎖と3年、年、月、週、日というバケット構造

▌計画の構造とサプライチェーン拠点・機能を横断する計画連鎖

　計画という業務は、会社の中でも限られた人が行っているため、あまり知られていません。計画そのものが、会社の資産規模や収益を決めてしまう影響力があるにもかかわらず、少人数で立案するため、システム化も遅れています。

　計画はサプライチェーンの構造を下敷きに連鎖します。サプライチェーンの下流から上流に向かって、拠点、機能をたどって需要計画⇒仕販在計画⇒生販在計画⇒基準生産計画と連鎖していきます。

▌計画サイクル、計画バケット、計画対象期間と凍結・確定期間

　上記の計画連鎖は**時間軸**で階層化します。時間軸は多次元あります。計画サイクル、計画バケット、計画対象期間です。

　計画サイクルは、3カ年サイクル、年次サイクル、月次サイクル、週次サイクル、日次サイクルです。

　計画バケットは、計画立案の期間の単位で、月の単位で計画する場合は月バケット、週の単位で計画する場合は週バケットです。バケットとはバケツのことで、入れ物の比喩です。計画を入れる単位という意味です。

　計画期間は、計画の立案期間です。3年間、1年間、6カ月、3カ月などの計画期間があります。

　計画期間と計画バケットは関連しています。一般的に、次ページの表のようになることが多いでしょう。会社により、定義は多様です。

◆計画期間と計画バケット

名　称	計画期間	計画バケット
3カ年計画	3年	年もしくは直近1年は半期
年度計画	1年〜1年半	月
月次計画	3カ月〜1年	月もしくは直近1カ月は週または日
週次計画	1カ月〜1カ月半	週もしくは直近4週間は日など
日次計画	1週間〜1カ月程度	日

　バケットは、集約や分解（展開）の要件が出ます。日バケットを集約して月バケットで見たい、月バケットを日バケットや週バケットに分解（展開）したい、といった要件です。

　計画期間は、期間ごとに意味が違う場合があります。既に計画が確定し、指示が出されたために計画を変更できない期間を**凍結期間**、今回立案して計画が確定する期間を**確定期間**、まだ計画が変動できる期間を**フリー期間**と呼びます。確定期間も含めて計画が確定・凍結した期間の最後を**タイムフェンス**と呼びます。凍結＋確定期間はタイムフェンス内の計画と呼ばれ、計画を変えないことを基本とします。

計画単位の分解（展開）と統合

　計画には時間関連の軸以外に、計画を分解したり、統合したりする軸があります。いくつか紹介します。

　まず、**組織軸**です。担当各単位や、部や課、本部といった部署単位、工場単位、事業部単位、会社単位といった軸です。また、**地域軸**もあります。県単位、国単位、アジアや欧州といった“世界の地域区分”単位、グローバルといった階層です。

　次に**品目構成軸**もあります。単品−製品シリーズ−製品カテゴリー−事業カテゴリーなどです。

　組織軸や地域軸、品目構成軸も階層化して、分解（展開）と統合の要件があります。組織軸に品目構成軸が複雑に絡み合うこともあり、組織軸も品目構成軸、さらにバケットの関連をきちんと識別した上で整理しないと、データ構造、データ更新に無理が生じるので注意が必要です。

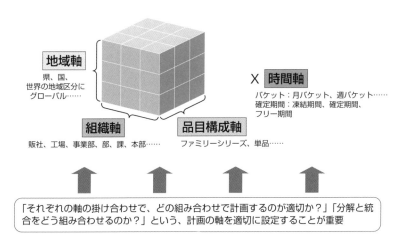

地域軸
県、国、
世界の地域区分に
グローバル……

X　**時間軸**

バケット：月バケット、週バケット……
確定期間：凍結期間、確定期間、
フリー期間

組織軸

販社、工場、事業部、部、課、本部……

品目構成軸

ファミリーシリーズ、単品……

「それぞれの軸の掛け合わせで、どの組み合わせで計画するのが適切か？」「分解と統合をどう組み合わせるのか？」という、計画の軸を適切に設定することが重要

◆計画の軸：時間軸、組織軸、地域軸、品目構成軸

　たとえば、精密機器の販売計画を営業部単位で立案するとします。販売計画の立案は営業が各人で行います。しかし、営業は忙しいので、月バケットで立案します。その上、個々の製品で立案できないので、製品シリーズで立案します。販売計画は各人が月バケットで、シリーズ別に立案するというルールになります。

　仕販在計画を立案する際は、個々の営業の販売計画を全国で集約して、営業部門全体の販売計画にしますが、まだ月バケット、シリーズ別の計画のままです。しかし、これでは仕販在計画に使えません。個々の製品の在庫があるため、個々の製品の販売計画まで分解し、その上で個々の製品の在庫が余っているのか、足りないのか判断しなければならないからです。

　このように、計画の立案の単位が組織軸、製品軸、時間軸で異なるのが一般的です。こうした計画の立案単位をきちんと確認し、あるべき計画単位を改めて定義した上で、相互の計画単位の集約や分解の仕方を定義していくことが重要になります。

生産管理機能(1)中長期生産計画・能力計画のプロセス

工場予算と同義の長期生産計画で収益を決める

中長期計画の定義は曖昧

　計画業務は立案する対象期間で分類されます。**中長期計画**は会社の先々のありたい姿を描く計画です。中長期計画は、会社によってさまざまな定義がされています。

　長期計画を5年くらいの範囲で立案する会社と、3年程度を長期計画と呼ぶ会社もあります。中期計画は一般に3年程度の計画です。長期計画や中期計画の期間の長さは会社により異なります。本書では長期計画を3年から5年、中期計画を3年として記述します。1年程度の計画は一般に年度計画と呼ばれ、**予算**と同義と考えてください。

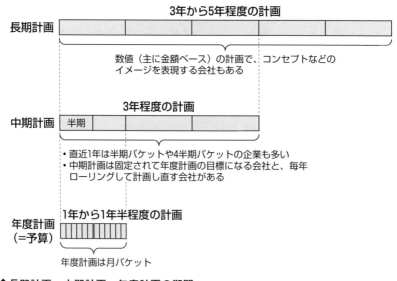

◆長期計画、中期計画、年度計画の期間

90

長期計画のサイクル、バケット、計画対象期間

最も長期の計画は3年から5年程度になる戦略的な計画です。長期計画では今後の新製品開発、新製品開発とマーケティングに影響された販売計画、拠点展開、工場建設や倉庫建設といった投資を伴う計画を策定します。大まかな計画になるため、年のバケットで計画されることが多くなります。

長期計画に関しては、表計算などで立案されますが、もっと曖昧に文章で記述的に書かれたり、概念的なイメージ図で描かれたりすることもあります。長期にわたる会社のありたい姿が描かれるので、システム化されることはほとんどありません。長期計画のサイクルとバケットは次の通りです。

●計画サイクル：毎年度、3年に1度、または5年に1度

長期計画は3〜5年に1度しか計画しない会社と毎年見直している会社があるなど、会社によりさまざまです。

●計画バケット：年バケット、または半期、4半期バケット

計画バケットは基本的に年バケットです。もちろん、数値に落とし込んだ計画があることが前提です。年の単位で販売計画や生産計画を立案します。

中期計画のサイクル、バケット、計画対象期間

中期計画は、3年程度の計画を立案する会社が多いです。3カ年計画と呼ばれたりします。

中期計画＝3カ年計画は、3年に1度しか計画しない会社と、毎年3カ年分計画を見直す（**ローリング**）会社があります。

3年に1度しか計画しない会社は3年間計画を固定し、年度計画を見直して3カ年計画と対比するにとどめます。期間中は3カ年計画への計画変更は行わず、3カ年計画を固定的な目標と置いて、毎年計画し直す年

91

計画①	100	100	100			
		計画見直し	計画見直し			
計画②	実績	120	110	110		
			計画見直し	計画見直し		
計画③		実績	110	90	100	
				計画見直し	計画見直し	
計画④			実績	100	110	120
					計画見直し	計画見直し

定期的に計画を見直していくことを計画見直し（ローリング）という

◆計画の見直し（ローリング）

度計画の目標対比値とするのです。

　毎年3カ年計画を見直す会社は、毎年先々3年をローリングしながら計画します。変化が激しい現代では、毎年ローリングで3カ年計画を見直す会社が増えています。中期計画のバケットは次の通りです。

●計画バケット：年バケット、または半期、4半期バケット

　計画バケットは基本的に年バケットです。年の単位で販売計画や生産計画を立案します。会社によっては、直近の年の計画は半期バケットだったり、4半期バケットだったりするケースもあります。先々の計画のため、金額のみで計画する場合が多いのですが、詳細に計画したい会社は、概要ではありますが、数量での計画を立案しています。

中期計画はシステム化困難、可視化程度が可能

　中期計画は、大まかな計画になることが一般的です。詳細な品目ベースの計画ではなく、どちらかというと金額ベースの計画になります。中期計画の立案プロセスは、

① 過去の販売実績、生産実績、財務成績のレビュー
② 今後の新製品開発計画、マーケティング計画、販売計画
③ 市場開拓、販売拠点開拓、生産拠点選定と工場・倉庫建設計画

④ 販売計画に連動した生産計画と設備投資計画
⑤ 新製品開発に連動した新素材開発計画、サプライヤー開拓、アライア
ンス計画

などになります。各プロセスを連続的に立案していきます。

　中期計画は戦略投資を明らかにするための計画であるため、品目単位
の数量計画ではなく、せいぜい製品カテゴリーなどで集約された、金額
ベースの概要計画になります。そのため、生産管理システムなどを利用
しての立案は困難です。もちろん、数値を集計したりする作業はありま
すが、基本的に表計算ソフトが使われ、パッケージソフトが使われるこ
とは多くはありません。

年度計画＝予算または予算とほぼ同義の実行計画

　より具体的な計画が年度計画と呼ばれます。年度計画は予算もしくは
実行計画などと呼ばれ、1年もしくは1年半程度を月バケットで計画し
ます。年度計画は詳細な計画となります。販売計画や在庫計画、生産計
画は製品もしくは集約された製品シリーズなどで計画されます。

　ただし、製薬製造業やアパレル（靴など）のように、業界によっては
品目単位の計画が困難なため、まずは製品シリーズ単位や金額ベースで
立案し、過去実績などを用いて単価をベースに単品の品目に分解し、数
量に換算する会社もあります。この分解、換算をシステム化している会
社もあります。年度計画の計画サイクル、バケット、計画期間は以下で
す。

● 計画サイクル：毎年度
● 計画バケット：月バケット
● 計画期間：次年度の1年間（会社によっては1年半）

年度計画のプロセスと必要なシステム機能

年度計画の主なプロセスは、次の通りです。

① **販売計画（需要予測：人的予測からマーケティング計画を統合して販売計画立案）**
② **在庫計画と生産計画（仕販在計画・生販在計画）**
③ **操業度計画、設備能力計画、設備投資計画、人員計画、採用計画**
④ **調達計画**

年度計画は今も表計算ソフトで立案する会社がほとんどですが、進んでいる会社では年度計画機能を担うシステムとしてSCP（1-4参照）を導入することもあります。

SCPには生産能力や調達計画の立案が可能なパッケージもあります。基本的に数量ベースの計画ですが、金額換算する機能があるものもあります。また、製品の生産計画だけでなく、構成品目の計画や調達品目の計画を一気に立案する機能があるSCPもあります。

詳細に分析するためには、SCPと連携させて可視化、分析ができるデータベース機能を持つBIシステムを組み合わせることになります。SCPには主に計画の計算をさせ、グラフ化や多次元の比較はBIに任せる方法です。

計画立案の業務プロセスに沿って、SCPを使う、BIを使う、SCPとBIを連携させるなどの機能の整理を行って適正に使うことが必要です。

年度計画はSCPで行うが、表計算ソフトを使う会社が圧倒的に多い

年度の計画はSCPで立案できるようにします。1年程度の計画であれば、新製品の開発計画もある程度決まっているので、品目コードも確定するか、あるいは仮コードなどでのシステム化は可能です。

販売計画が決まれば、仕販在計画、生販在計画、生産計画、能力計画、調達計画を立案します。

仕販在計画では、販売計画をもとに、在庫計画、仕入計画を立案しま

す。販売計画には、需要予測や、キャンペーンなどのマーケティング計画を伴う"売る意思"を含んだ販促計画を追加し、さらに営業側の「どのくらい売りたいか」という"売る意思"を反映した計画となる構成をとります。販売計画は、需要予測、マーケティング計画、営業施策なしの販売計画＋営業施策による販売計画追加、といった4階層くらいの計画となります。こうした階層がどれだけあるのかは、各社によって異なります。

　また、統計的な需要予測を行う際は需要予測システムが必要になります。**統計予測をする場合は、統計予測システムを別途導入することもありますし、SCPに付随していることもあります**。なお、統計的な需要予測を行わず、人的な予測を行うことも一般的に行われています。

　販売計画をもとにして、SCPで必要な在庫計画を立てることで仕販在計画が立案され、仕入計画がアウトプットされます。

　仕販在計画の仕入計画をもとにして生販在計画を立案します。仕販在計画がない場合は、販売計画が生販在計画のもとになります。

　生販在計画は生産必要数量をSCPで計算します。生産必要数量をもとに生産計画や調達計画が立案されます。立案された生産計画に合わせて能力計画を立案します。生産計画や調達計画は数量ベースの計画ですが、能力計画は時間ベースの計画になります。

　能力計画では品目の生産数量に対し、機械1台当たりの製品を作り出す標準時間で時間を積算し、必要な生産能力所要時間（能力所要量）を算出します。さらに、1日当たりの必要な稼働時間を計算し、月の総稼働時間を算出します。

　能力計画は1日の必要稼働時間に対し、必要なシフト数、人員数に換算し直し、日から月に集約して月ごとのシフト計画、人員計画とします。**生産計画や調達計画はSCPで計算し、能力計画も可能であればSCPで計算します**。能力計画の計算単位は時間です。時間で計算し、日⇒週⇒月と集計してまとめていきます。SCPでは、生産計画の数量をベースに能力所要量として必要なシフト別、日別、月別稼働時間が計算されます。

　このように、SCPでは時間単位の能力所要量を計算することはできま

すが、SCPで計算した時間をシフト数や人員数に変換する機能がないことが多く、表計算ソフトとの連携で能力計画を立案することが普通になっています。

生産計画の立案の連携で、調達計画が立案されます。調達計画は必要なサプライヤーと共有され、供給できる数量とすり合わせがされます。このときのサプライヤーとの調達数量と供給数量の合意が月次計画での調達の制約枠になります。

また、能力計画で立案した稼働可能時間はカレンダーの稼働時間に設定され、月次計画における能力制約になります。

仕販在計画、生販在計画、生産計画、能力計画、調達計画の計画サイクル、計画バケット、計画期間は以下です。

・**計画サイクル：年、または半期、4半期（会社による）**
・**計画バケット：時間⇒シフトバケット⇒日バケット⇒月バケット**
・**計画期間：当月から数カ月（会社による）**

計画期間は会社によります。短い場合は3カ月程度、長い場合には年度計画と同じ1年から1年半という会社もあります。

年度計画の生産計画と調達計画を生産管理システムが行う場合

生産管理システムによって年度計画を立案することもあります。この場合は、生産要求数量をもとに工場内の生産数量と調達数量を計算し、数量計画と金額換算した金額計画を立案します。

能力計画に関しては、SCP同様生産管理システムだけでは立案が難しく、表計算ソフトなどで補完しながら計画します。

人員計画も同様です。能力計画の結果、生産能力が不足する場合には、設備投資計画を立案します。能力計画、設備投資計画、人がどれくらい必要かという人員計画もほぼ表計算ソフトで計画されることがほとんどです。

生産管理機能(2)中長期調達計画・ソーシングのプロセス

サプライヤー選定、価格決定、制約部材の確保

サプライヤーの選定、購入部材の品質・コスト決定を行うソーシング

　調達計画を立案する以前に、サプライヤーや調達すべき品目が選定されていなければなりません。サプライヤーの選定と品目の選定がソーシングという業務機能になります。

　ソーシングでは開発段階である新製品の部品や材料を作ることができるサプライヤーを見つけ出し、そのサプライヤーの評価と併せて購入品目の性能・品質確認を行って購入品目の見積りをとります。単なる購入ではなく、サプライヤー側も設計・開発が必要な場合は、試作品を取り寄せその評価をしながらサプライヤーの開発の進捗と合わせて、自社の購入部品の評価、試作、量産へと駒を進めます。

生産マネジメント機能として
生産管理の範囲に入れる

	需要計画	仕販在計画	生販在計画	基準生産計画	調達計画・ソーシング	資材所要量計算(MRP)	能力所要量計画(CRP)	製造・調達指図
長期計画：3年から5年	生産マネジメントの対象業務				SCP	ERP	ERP	SCP	ERP
中期計画：3年	表計算ソフトSCP＋BI				SCP＋ERP	ERP	SCP	ERP
年度計画（予算）								
月次計画								
週次計画	製造・工程管理の対象業務							
日次計画					スケジューラー			
生産順序計画								
原価管理	ERP＋BI							
KPI管理	生産マネジメントの対象業務							

◆中長期調達計画・ソーシング

こうしたプロセスを経て、サプライヤーが決定され、必要な部材の購入価格が決定されていきます。決定されたサプライヤーは仕入先としてマスタ登録されます。購入した部材も品目マスタに登録され、購入価格が設定されます。

プライシングに関わる見積管理とコストダウン・コストアップ

　一度決定した購入価格も取引の期間に応じて価格の変更が行われることがあります。購入側からコストダウンの要求が出され、サプライヤーが見積りを出し直し、交渉がされます。

　古い形態の取引の場合、見積りの中に輸送費などの付帯費用が含まれていて、本当の"モノ"のコストがわからない場合があります。また、購入品目ごとに金額が書かれていない場合、材料費と加工費、経費ごとのコストが出せない場合があります。

　しかし、こうした細目ごとのコスト構造がわかる見積りになっていれば、サプライヤーを通さずに自社で購入した安価な材料を支給したり、輸送を止めて材料を直接受け取りに行ったりすることでコストダウンを図ることができます。つまり、コスト構造が確認できる見積りの依頼をすべきなのです。

　こうしたコスト分解は手間はかかりますが、コストの透明性を高めコストダウンを実現するためにも必要な見積管理となります。

　細目がわかれば、購入品目を構成する原料や人件費の高騰などのコストアップ要因が把握できるため、購入価格が上昇した理由がわかります。細目の上昇率がわかるので、コストアップによる製品価格への影響も見積ることができます。

　たとえば、市況変動による銀や金、鉄やアルミニウムの高騰による影響、気候変動によるオレンジやバニラの高騰の影響が原価にどれくらい影響し、結果的に製品利益にどう影響するのかが確認できます。

　あまりに価格が上がって利益を圧迫することがわかったら、製品価格を上げるべきか、価格を上げずに堪えるべきかといったことが検討できます。購入価格の高騰、低下による利益のシミュレーションができれば、

プライスアップ、プライスダウンの可否を適切に判断できるのです。

　見積り管理では購入品目のコスト構造を明らかにした見積りをとり、購入品目のコスト構成の価格変動を可視化できる仕組みが必要です。また、コストの変動を積み上げ、利益や価格への影響がシミュレーションできる仕組みもほしいところです。

　こうした利益や価額の計算処理は会社ごとに異なるため、自社独自のコスト積算とシミュレーションの仕組みを作ります。また、MRPでコスト積算ができればMRPをシミュレーション的に使うこともできます。

　ただし、MRPは構成品目の積み上げしかできないため、たとえば部品に使われる鉄の含有量や原料に含まれるバニラの含有量に応じたコスト変動までの含有比率で積算などを計算することはできません。ここまで精緻なシステムが必要な場合は、専用のコスト積算シミュレーションシステムなどの仕組みを作る必要があります。

▍制約部材と長納期部材の合意と枠取り調整

　計画管理において、月次計画と制約条件のチェックをSCPで行った後、サプライヤーと供給可能かどうかの調整と合意が必要になります。

　計画の可視化は、BIなどの可視化システムで行います。システムで可視化された調達計画数の情報をサプライヤー側に開示するために、Webで情報を共有します。Webでの開示ができない場合は、SCPの計画情報もしくはBIの計画情報を表計算ソフトなどでやり取りします。

　制約部材や長納期部材の計画変動も開示し、供給可能かどうかの調整に使います。BIとWebの組み合わせ、もしくはSCP・BIと表計算ソフトの組み合わせで適時情報を共有します。

　こうした計画共有の計画サイクル、計画バケット、計画期間は次の通りです。

・**計画サイクル：毎年、毎4半期、毎月など会社間の取り決めによる**

・**計画バケット：月バケット、ただし、長期的な計画では4半期バケット、半期バケット、年バケットなど会社間の取り決めによる**

・**計画期間**：当月から数カ月、1年など会社間の取り決めによる

長期調達計画による調達数量の計画と金額換算

　年単位の長期の生産計画に連動して長期調達計画も立案されます。ただし、全品目の計画ではなく、重要な部品・原材料の計画のみが立案されます。

　重要な部品・原材料とは、単価が高く原価や在庫に大きな影響がある品目です。高額品は金額に対するインパクトが大きいので数量と金額で計画されます。また、調達が難しい品目もこれに該当します。調達が難しい品目とは、各社で取り合いになる高付加価値がついた品目や供給に限りのある天然産品などです。こうした部品・原材料は**キー部品**、**キー原材料**（以降、キー部材）と呼ばれることもあります。

キー部品、キー原材料の抽出とサプライヤー合意

　調達が困難な制約部品、原材料を確実に調達するために、キー部材の調達計画は必ず立案しサプライヤーと調達数量を合意しておくべきです。たとえば、半導体、電子部品といった機能上欠かせない部品やレアメタルなどの必須原材料などです。**こうしたキー部材は、生産計画に合わせてSCPにて所要量計算を行い、キー部材調達計画とします。**

　サプライヤーとの調達数量の合意の際には、価格調整やトラブル時の業務対応の方法、金額保障の取り決めもされます。調達会社側で確実な調達を行うため、サプライヤーとの購入数量の合意や購入できなかったときの保障などを取り決めるのです。

　供給に制約がある調達困難部材は、長期調達契約をサプライヤーと共有し、価格保証や引き取り保証も含めて、金銭対応の合意をしながら供給数量を決定します。調達会社としては、供給量の枠を押さえるイメージから「**枠取り**」といったりします。枠取りされた供給枠は、月次計画である短期計画の計画ローリングで見直され、調整されていきます。

中長期調達計画はSCPまたはMRPが担う

　中長期の調達計画はSCPが担います。SCPでキー部材の所要量を計算し、調達計画として取りまとめます。MRPで中長期の調達計画を立案する場合もあります。ただし、中長期調達計画では中長期的に計画したい品目に限定した所要量計算をするため、BOMを中長期調達計画用に作らねばなりません。中長期計画で確認したい品目は数品目程度に限定されることが多く、わざわざERPを使わず、SCPで品目を限定した計画用のBOM（＝Planning BOM）を作るほうが楽なので、MRPではなく、SCPを使うほうが良いでしょう。

　合意された供給枠は、月次計画で調達計画をする際の制約条件になります。供給枠としてサプライヤーから在庫情報と生産計画および能力計画の情報を取得します。サプライヤーの在庫や生産計画が、購入者となる自社に対する供給制約となるからです。また、**能力計画は生産計画の形で設備稼働時間ではなく、数量で開示してもらいます。**

	在庫	N月	N+1月	N+2月	N+3月	N+4月	N+5月	N+6月	…
調達計画		200	100	100	100	180	200	120	
サプライヤー在庫・生産計画	在庫があるので調達可能 100	100	100	100	100	100	100	100	在庫がないので調達できない

供給枠を増やせないかサプライヤーと調整する

◆長期調達計画とサプライヤーとの供給枠調整

生産管理機能(3)短期生産計画・資材所要量計算プロセス

計画ローリング、制約チェック、資材所要量計算

短期計画は年度計画の月次ローリング、直近は日または週バケット

短期計画は年度計画の月次（月サイクル・月バケット）ローリング計画で、直近の1カ月から6カ月程度の対象期間の計画を立案します。計画期間は会社により異なります。計画サイクル、計画バケット、計画期間は次の通りです。

- **計画サイクル：毎月（会社によるが、一部見直しとして半月サイクルが入ることもある）**
- **計画バケット：月バケット、直近が日バケット、週バケットのケースもある（会社による）**
- **計画期間：当月から数カ月（会社による）**

短期計画である短期生産計画と資材所要量計算のプロセスとしては、「販売計画⇒内示取得⇒受注⇒仕販在計画⇒生販在計画⇒設備能力における制約のチェック⇒人員能力における制約のチェック⇒調達における制約のチェック⇒計画調整⇒計画確定」となります。

短期計画と制約条件のチェックとSCP

短期計画では、年度計画や前回の月次計画を適時変更しながら毎月ローリング（計画見直し）をしていきます。販売実績、生産実績、在庫実績、出荷実績、調達納入実績の各データ、新たな販売計画データを取り込み、仕販在計画、生販在計画、生産計画、調達計画を立案します。

生産計画から能力計画を実施し、年度計画で設定した能力計画として取り決めたカレンダー上の稼働時間の制約を超える場合、アラートを出

します。アラートが出たら、再計画を行います。

　再計画では、生産のタイミングや生産すべき品目の数量を調整します。あるいは残業を行い、シフト数・人員数を増やすことで使える稼働時間を増やします。

　生産のタイミングや生産すべき品目の数量の調整はSCPでできますが、シフト数・人員数はSCPの外で計画し、SCPのカレンダーの稼働時間を変更します。ただし、SCPに追加できる残業時間などの余裕（Allowance：**アローワンス**）設定ができるのであれば、残業時間を増やすようにSCPが推奨してくれます。

　SCPによっては計画補正をする際、シミュレーションが可能です。何案かの計画を作り、生産納期の遵守や在庫を適正化する上で最も妥当な計画を採用します。シミュレーションごとの計画のバージョン管理が必要な機能になります。

　製造部門や労働組合と調整後、シフトの増減や人員増減の計画を変更します。その上で、SCPの稼働時間を調整し再計画します。その際は、SCPでシステム的に自動立案させる、または人が意思を入れて直接計画を手入力で補正するいずれかの方法で行います。

　短期計画で立案された生産計画が基準生産計画として確定され、資材資材所要量計算（MRP）へのインプットとなり、所要量展開、製造指図、購買指図を生成するもとになります。

　SCP上で、キー部材の調達計画も行う場合、大幅な計画の変更はサプライヤーと共有し、必要に応じて調整を行います。また、海外への発注品目や長納期品目は短期計画での調達計画をMRPに連携し、調達を行います。

　月次サイクル・月バケットではなく週次サイクル・週バケットの計画でMRPに連携する場合は、週次サイクル・週バケットでの計画の結果をMRPに連携します。この場合は、短期計画の役割は能力計画の調整を製造現場と労務管理部門とで行うことと、サプライヤーとの発注枠の微調整が主になります。

	前残	1W	2W	3W	4W	5W	6W	
販売計画		10	10	10	10	10	…	この例で、
内示		20	20	20				仕販在計画（販売）
受注		15	12					への反映の優先順は
仕販在計画（販売）		15	12	20	10	10	…	受注＞内示＞販売
仕販在計画（在庫）	10	5	3	0	0	0	…	当週在庫＝前週在庫
仕販在計画（仕入れ）		10	10	17	10	10	…	＋当週仕入れ－当週販売
生販在計画（出荷）		10	17	10	10	10	…	
生販在計画（在庫）	10	10	3	10	10	10	…	当週在庫＝前週在庫
生販在計画（生産要求）		10	10	17	10	10	…	＋当週生産－当週販売
基準生産計画		10	14	13	10	10	…	この例では、能力制約
能力制約		15	15	15	15	15	…	と人員能力制約が週15
人員能力制約		15	15	15	15	15	…	のため、基準生産計画
調達制約		20	20	20	20	20	…	が15を超えないよう

（販売計画・内示の欄に吹き出し）受注が入っているため、販売計画や内示は使わない

に、生産要求17を2週目と3週目に分割した

◆短期生産計画・資材所要量計算のプロセス

短期計画における各種の計画業務の構造

　短期計画では計画ローリングを行いながら制約をチェックし、生産計画や調達計画、能力計画を見直します。生産計画や調達計画を見直すと、在庫を積み増したり、反対に減らしたりする必要が出たり、先行生産・先行調達により在庫リスクが高まったりする可能性があります。

　あるいは、販売実績や販売計画が増大したことで、生産能力や調達制約を加味した計画でも必要な数量を生産できない場合、あるいは設備トラブルや調達トラブルで十分な生産数量が確保できない場合、優先的に生産し、販売に充当する製品を選択する必要があります。

　計画の調整の結果、残業などの稼働調整、シフト見直し、配分などは、販売計画の達成や原価の増減に影響が生じます。先行生産・調達は在庫リスクや廃棄の可能性を高め、資金繰りにも影響します。つまり、**計画業務はシステム的な計画で終わりではなく、人間判断を交えたリスクの検討と意思決定の後に決まる**のです。システムで計算した計画に対し、人が調整した結果を修正して入力し、それを保持して計画として確定させる機能が必要なのです。

　週次計画では、月次計画と同等の計画調整や制約チェック・見直しを週サイクルで行います。したがって、機能的には月次計画で実施していたことと同等のシステム機能と業務機能が必要になります。

▌小日程計画とスケジューリングの位置付けと基準生産計画インプット

　SCPでの生産計画では、生産に着手する順序や設備単位での計画割り付けまではできません。もし、詳細な順序計画や設備割り付けまでをシステムで実施したい場合は、小日程計画とスケジューリングを実施します。設備を考慮し、生産順序まで考慮して計画する業務は小日程計画、または**スケジューリング**といいます。月次計画や週次計画では月、週、または日ごとの生産要求数量を計算しますが、設備別の割り付けや製品の製造順序まで考慮して計画をしないのが一般的です。

　小日程計画・スケジューリングは、現場にいる職長が勘と経験で立てる場合が多いのですが、これだと属人化するため、誰でも改善できるようにするためにはシステム化も視野に入れます。小日程計画・スケジューリングを担うシステムはスケジューラーといいます。

　小日程計画では設備割り当て計画を行います。必要に応じて、各設備の段取りを考慮し、段取り時間を短くする段取り最適化計画を行うこともあります。

　設備割り当てを最適に行うためには、品目ごとの設備割り当て、代替設備の設定、設備への品目ごとの割り当て優先度が必要ですし、各設備・品目ごとの組み合わせでの標準時間が必要になります。

　段取り最適化を行うためには、品目間の切り替えによる段取り時間の変動を管理する**段取りマトリックス**が必要になります。設備の稼働カレンダー、標準時間、段取りマトリックスなどはマスタとして設定が必要です。

　さらに小日程計画・スケジューリングで治具の数が限られていて設備稼働台数に制約がかかる治具制約や人による作業パフォーマンスや作業のできる・できないなどのスキルの制約を加味する場合、そうしたマスタ情報が必要になります。

こうしたマスタ類は正確でなければならず、常に最新の状態にメンテナンスが必要です。マスタ設定およびメンテナンスができず、スケジューラーが使えない職場も多いので、機能だけに着目せず、運用を含め導入の可否を見極めなければなりません。

　小日程・スケジューラーで設備割り当て、生産順序が確定したら、SCPに計画を戻すと同時に、MRPに連携し、製造指図化します。同時に設備割り付けや製造順序の情報を製造指示に連携する必要があるため、**MRP経由でMESに指図情報（設備・生産順序込み）を渡すか、スケジューラーからMESに直に指図情報（設備・生産順序）を渡すか、検討が必要です。**

　小日程計画は、計画という名前が付いていますが、製造順序計画を立案し、製造指示に連動するので、本書では製造・工程管理の機能として、第4章で説明します。

大日程計画、中日程計画、小日程計画と計画の階層化

　本書では、年度計画、短期（月次）計画、週次計画、日次計画（小日程計画）という枠組みで説明していますが、古い生産管理の書籍や教科書では大日程計画、中日程計画、小日程計画という言葉が使われることもあります。

　大日程計画は本書でいう年度計画です。中日程計画は本書でいう短期（月次）計画または週次計画で、制約考慮後の計画で、MRPへのインプットまでの計画を指します。小日程計画は共通しています。日々の計画と設備割り付け、順序計画までを行う業務です。

　生産管理における生産マネジメント上の計画管理は単なる計算業務ではなく、階層化した計画の中で、年度計画などの上位計画で制約や収益を判断して調整し、リスクを決め、短期（月次）・週次の計画で制約をチェックし、再度調整・判断しながら計画を確定し、日々の指示につなげていく業務です。すなわち、**計画業務が生産活動における生産数量・在庫数量を決め、結果的に販売可能数量を決め、収益を決めているに等しい**のです。計画業務は最も重要な業務です。

S&OPと呼ばれる生販統合計画

　いったんは数量ベースで立案した計画を再度金額に戻し、損益計算や在庫リスク・在庫金額などの財務インパクトを検証して、数量ベースと金額ベースの両方の計画を承認する業務が**S&OP**（Sales & Operation Plan：**生販統合計画**）と呼ばれる計画です。S&OPは次の図のようなイメージです。

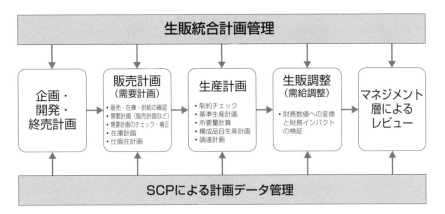

◆S&OPのイメージ

　S&OPはSCPが担い、次のような可視化要件はBIが行います。

- ●前回・今回での計画変動
- ●在庫推移
- ●販売予算と販売計画や販売実績の対比
- ●生産予算と生産計画や生産実績の対比
- ●調達予算と調達計画や調達実績の対比
- ●滞留在庫、滞留在庫金額、廃棄実績、廃棄予定の確認
- ●能力計画と今後の見込み（能力ひっ迫、能力余剰）の確認
- ●キー部材サプライヤーへの調達計画リスク（ひっ迫、過剰）の確認
- ●財務数値への変換

基準生産計画から資材所要量計算を行い、指図を生成

　制約条件を調整し、確定した生産計画である基準生産計画は資材所要量計算へのインプットとなります。基準生産計画は、SCPから基幹システムであるERP（Enterprise Resource Planning）へのデータの受け渡しになります。

　基準生産計画を受け取ったERPは資材所要量計算を行います。ERPにあるMRP機能を使って、BOMを参照しながら資材所要量計算を実施します。

　構成部品・原材料の所要量が計算されたら、自社内製造品（**内作品**）は製造指図に変換し、外注製造品（**外作品**）と購入部材は購買指図を生成します。

　製造指図は品目別の日バケット製造数が、購買指図は日バケットの発注数が指図されています。指図は生産数量や調達数量を決定する重要なものであるため、生産管理部の課長や部長といった役職者が承認して確定します。

3-7 生産管理機能（4）所要量展開：資材所要量、製造・購買指図発行

資材所要量計算から指図発行までの流れ

資材所要量計算で構成品目の所要量展開（MRP）を行う

生産計画立案結果から基準生産計画を取得したら、構成品目の資材所要量展開（MRP）を行います。下図のようなイメージになります。

MRPはERPなどの基幹システムの機能です。生産に必要な製造品目や購入品目の数量を計算します。MRPは生産BOM（3-10参照）に従って計算します。生産BOMとは、製造と調達に関わる全品目の構成を定義したBOMです。たとえば、自動車であれば、自動車の構成部品としてのボディ、ハンドル、タイヤなどがこれにあたります。ボディは製造品目、ハンドルやタイヤは購入品目です。

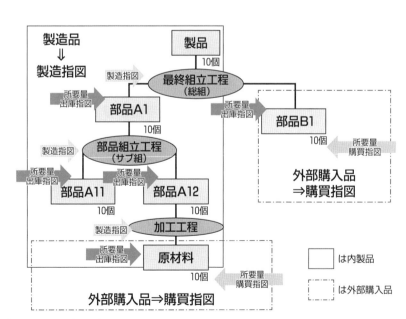

◆所要量展開（MRP）：資材所要量、製造・購買指図発行

製造品目のMRP結果から製造指図、出庫・転送指図を生成する

　製造品目は、製造に関わる階層に応じて展開します。ボディなら、ボディを組み立てる「**最終組立（総組）**」工程を通して最終組立を行いますが、その構成品目の本体、ボンネット、ドアなどが所要量展開されます。さらに、ドアなどは「**部品組立（サブ組）**」工程で構成品目を組み立てるための下位の構成品目が展開されます。本体やボンネットは「**加工**」工程を通じて製造されます。

　こうした構成品目の製造に関わる工程に対し、製造指図が発行されます。「総組」、「サブ組」、「加工」の指図が生成され、製造指図が承認・確定されると、製造指示になります。確定した製造指図は指示情報としてMESに連携され、MESで工程展開・作業展開され、指示につながります。

　また、生産に際し、必要な部材が特定の保管場所にある場合、出庫指図、転送指図がERPから出されることがあります。ERPで出庫指図や転送指図が出る場合は、部材の保管場所が管理上製造に属さず、資材管理部や他工場・プラントのある場合などです。MESで出庫指示をする場合もありますが、この場合は、出庫指示先が工場内の資材倉庫など同一管理単位にある場合です。

製造品目のMRPによる「まるめ」や「歩留まり」を考慮する

　MRPの実施では、製造「まるめ」、「歩留まり」を考慮して所要量展開をします。製造「**まるめ**」にはロットまるめや期間まるめがあります。「まるめ」とは、端数の生産要求数をある単位にまとめることです。たとえば、生産効率を考えて、生産要求数を100個にまとめて作るといったことです。こうした「まるめ」は製造のロットサイズに合わせるため、「**ロットまるめ**」などと呼ばれます。

　計画上、SCPや表計算ソフトなどで製造「まるめ」が済んでいれば考慮する必要はありませんが、MRP側で製造「まるめ」を行う際は、BOMに「まるめ」数量を定義します。

また、MRPでは「**歩留まり**」を考慮するのが一般的です。たとえば、必要な製品数が100個で不良品が出る確率が3％の場合、ぴったり100個の製品しか生産しないのならば、全部で97個しか生産できません。この場合、100個確実に良品を生産するためには、歩留まりを考慮し、100/97*100≒103個投入する必要があるので、所要量を103個と計算します。

歩留まりもBOMに登録し、MRP計算で活用します。歩留まりは変動しますし、改善活動により改善されることがあるので、変動または改善するたびに見直す必要があります。

購入品目のMRP結果から購買指図を生成する

MRPの結果、購入品目は購買指図が生成されます。購買指図はERPで生成され、購買指図の承認・確定を受けて、発注がされます。

発注はERPから発注書が発行される仕組みに連携して実施されます。連絡先はEDIやWebなどの発注システム、FAX送信システム、紙に印刷される場合などがあります。紙に印刷してFAXする場合、郵送する場合などもあるでしょう。

なお、発注データは発注残、入庫予定となってERPに保持され、残管理がされます。入庫予定はMESまたは資材管理に関わるWMSに引き渡され、入庫時の消込に使われます。

購入品目の「まるめ」、複社購買機能

購入品目は、サプライヤーとの取り決めで**最小発注単位**（**MOQ**：Minimum Order Quantity）がある場合、まとめて発注する必要があります。その際は、**発注数量まるめ**を行います。

また、同じ品目でも、リスクを勘案して複数のサプライヤーから購入する場合があります。**複社購買**とか**並行注文**（並注）と呼ばれる業務です。こうした業務があるのであれば、ERPで対応しなければなりません。しかし、同じ品目でも違うサプライヤーならば、品目とBOM、仕入先を分けて管理しなければならず、複雑な業務機能となりますので実装には注意が必要です。

生産管理機能(5)MRPと製番管理の違いとWBS所要量展開

生産方式に適合した所要量展開方法を設定する

日本の生産管理に以前から存在する製番管理と所要量管理

資材所要量計算は一般にMRPと呼ばれ、主に欧米で進化し、システム化されました。

一方、日本でも従来型の資材所要量計算の考え方があります。**製番管理**といわれます。製番とは製造オーダーのことで、製造するオーダーごとにナンバーが振られて所要量展開が行われます。製番が振られると、その構成品目は同一の製番でしか使えなくなります。

MRPは製品の所要に合わせて構成品目の所要量が展開されますが、その際、製造のオーダーにかかわらず、自由に現在ある在庫を引き当てることができます。たとえば、製品Aと製品Bで同じ部品Xを構成に持つ場合、製品Aも製品Bも、部品Xを引き当てて、製造に使うことができるのです。

一方、**製番管理では製番で用意された、製番ひも付きの在庫しか使うことができません**。製品Aのために製造または調達された部品Xは、製品Bで使うことができないのです。つまり、同一製番でひも付き管理されている構成品目だけが利用可能な在庫で、自分の製番とひも付けた在庫がない場合、新たに所要を起こさなければならないのです。

製番管理の利点は、製番に関連した構成品目が確保され、他の製品に使われることがないことです。製番では、構成部品があるため、確実に生産ができます。一方で、万が一調達した製番ひも付きの在庫が使われなくなった場合、その在庫はずっと滞留してしまう可能性があります。このように利点と欠点があるのです。

MRPでは製番がないため、同一の構成品目であれば、製造が必要なタイミングで構成品目の在庫が引き当てられ、在庫が効率良く使われます。一

方、急な需要増の際には、構成品目の在庫が欠品する恐れがあり、生産できなくなるリスクも抱えます。MRPにも製番管理にも一長一短があるのです。

製番管理は受注や設計にひも付いた一品モノや個別受注生産に使う生産で有効です。個別設計を伴うような個別受注生産では、**基本的に設計をしながら構成品目が決まっていくので、製番管理が一般的です**。MRPは、見込生産のような量産型で、共通部品・原材料などが多い生産に適しています。

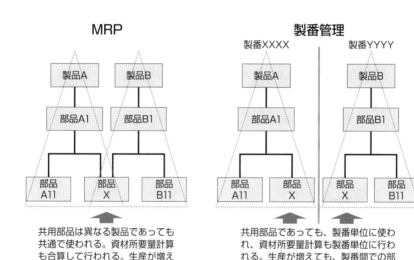

共用部品は異なる製品であっても共通で使われる。資材所要量計算も合算して行われる。生産が増えると、共用部品の取り合いが発生する

共用部品であっても、製番単位に使われ、資材所要量計算も製番単位に行われる。生産が増えても、製番間での部品の融通はせず、製品の生産を守るため、製番単位で閉じて管理される

◆MRPと製番管理

製番でもMRPでもBOMが必要なことでは共通です。BOMを使って、製番管理では製番でひも付けて管理（ペギング、**ひも付き管理**）がされますが、MRPではひも付き管理がされないという違いがあります。

製番管理とMRPが混在するケースもある

個別性が高い生産でも、ネジ・クギのような汎用部品も存在します。そこで、個別性の高い構成品目は製番で管理し、汎用性の高い構成品目

はMRPで管理するハイブリッド型の所要量展開の機能を実現する場合もあります。

製番管理の展開ではひも付き管理をし、MRP品目の所要量展開では"ひも"を切る計算になります。

工事進行に準ずる作業・サービス連携におけるWBS所要量展開

個別受注生産の中でも特殊な例として、橋やプラントなどの長期的な建設・建築に関わる調達がある場合、工事の進行に関する施工計画に沿って調達がかかります。こうした場合は、作業計画にひも付いたタイミングで定義された品目が調達されます。

こうした場合は、プロジェクト型の生産活動になるため、作業計画として**WBS**（Work Breakdown Structure）を作成し、各作業タスクで必要な品目を展開して品目所要量を出していきます。WBSとは作業展開です。プロジェクト型の生産活動ではその都度、個別の作業展開を行います。WBSと連携した所要量展開が必要です。

WBS所要量展開は通常のMRPでは対応できません。特殊な要件として自前で構築するか、適応可能なパッケージを探してくる必要があります。

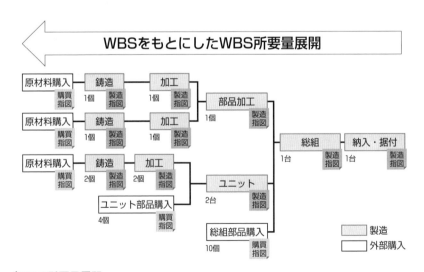

◆WBS所要量展開

114

周辺・特殊業務： BOM管理とレシピ管理
MRPに品目構成・工程情報を提供するBOMの管理

BOMが品目構成を決める

　製品構成を管理するツリー状の構成がBOMです。BOMは用途に応じて複数あります。

　また、古い時代には構成部品をツリー化せず、すべて同じレベルに展開して全構成品目の所要量だけを一気に計算することに用いるフラット型のサマリー型BOMも存在しました。しかし、**現代では、品目構成と工程の関連がなければ製造指図などが発行できないため、サマリー型のBOMは少なくなってきています。**

設計BOMは設計部門が機能中心に作る品目構成

　設計段階で機能図面を描き、機能単位に切り出された図面に対応した部品構成が設計BOMになります。設計BOMはすべてのBOMの源流になります。

　現在はCADなどで電子的に設計がされるので、構成品目もCADに連携し、登録していくことができます。CADで定義された親図面と部品図面、部品図面の構成品目から設計用に設計BOMが作られます。

生産BOMは生産技術部門が製造図面で生産順序に合わせて作る

　設計BOMができても、そのままでは生産には使えません。機能上まとまった図面にある構成品目でも、製造の順序を検討する際に、他の部品の組立図面に配置することがあるからです。設計図面に対し、製造工程や設備を考慮し、組立順序を考えて作られる図面が製造図面です。

　製造図面をベースに、生産管理部門や購買部門が協業して作っていくのが生産BOMになります。生産BOMは生産に関わる構成品目と工程が

連動して作られています。

生産BOMでは、工程における作業標準時間、賃率、歩留まり、まるめなどが定義され、所要量展開に利用されます。生産BOMは作業標準時間や賃率、歩留まりが定義されるので、原価計算での原価積算にも活用されます。

計画立案時に必要な構成だけ引き抜くPlanning BOM

計画において使われるBOMが**Planning BOM**です。Planning BOMは計画の立案となる工程での生産計画所要量を出す目的から、生産BOMのうち計画対象の品目・工程だけを切り出して作ります。

また、仕販在計画や生販在計画に関しては、製品の所要量計算になるので、生産BOMとは別に、拠点間の連鎖に合わせた構成を作ります。そのため、拠点間の供給連鎖に応じたルート（ラウティングまたは物流輸送ルート）を定義しなければなりません。

Planning BOMを誰がメンテナンスすべきかといった組織機能上の問題が生じる可能性があります。SCMとうたいながら、販売と生産を統合した機能になるため、管理部門が必要になるのです。Planning BOMは計画を担う部門が使うBOMになります。したがって、Planning BOMでは、生産BOMと製品の輸送ルートに準じた供給連鎖にあたる構成を作らなければなりません。

サービスBOMはサービスパーツ生産・調達に必須のBOM

製品を使い続けているうちは、補修用のサービスパーツの供給をし続けなければなりません。また、量産が終了した後でも、サービスパーツの供給は続きます。サービスパーツの生産や調達の所要量を計算する専用のBOMがサービスBOMです。

サービスBOMが必要な理由は、量産タイミングに使う生産BOMと構成が違ったり、購入価格や賃率などが生産BOMと相違したりするからです。サービスBOMは量産当初は生産BOMから作られますが、量産終了後はサービスBOM単独でメンテナンスされます。

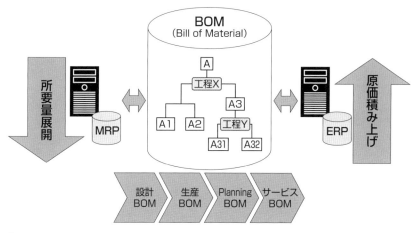

◆BOM管理の全体像

化学業界・食品業界などプロセス系のBOMはレシピと呼ばれる

　化学業界や薬品業界、食品業界では、BOMは**レシピ**と呼ばれます。レシピは成分表といっても良いかもしれません。レシピはある品目を生産するための構成と配合量が定義されます。

　レシピに特徴的なところに成分管理があります。原料などの液体では成分の濃淡があり、成分濃度が高い・低いで投入量が変わり、価格も変わる可能性があります。成分濃度を"**力価**"といい、個別に認識して投入量を計算しなければなりません。

原価計算用のBOMは生産BOMをベースにする

　原価計算では生産の結果として原価を積み上げ計算する必要があります。**ちょうど所要量展開と逆の流れで、下から上に「購入品目の単価×使用数量や賃率×作業時間」を計算して積み上げる原価積算となります。**

　この下から上に積算する計算は生産BOMの構成を使って積み上げ計算を行います。積み上げるための積算先は製造指図です。製造指図に対し、実際に生産した結果どうであったかを戻して積み上げるのです。所要量計算による指図を実績で消し込みながら積算されます。

117

製番管理の場合は製番に対して原価が積算されます。MRP、製番いずれにせよ生産BOMに従って原価積算されるのです。ただし、積算できるのは製造指図や製番に直課できる直接原価だけです。間接費は別途原価計算システムで配賦を行います。

設計変更管理とBOM連携

構成品目の変更を**設計変更**といいます。設計変更のトリガーを引くのは、設計部門、生産技術部門、製造部門、品質部門、購買部門などさまざまです。設計部門が源流になる場合は機能図面から設計BOMを変更し、関連する生産BOMへの設計変更を連携しなければなりません。

コストダウンなどで購買部門が生産BOM上の構成品目を変える場合は、必要に応じて設計BOMへのフィードバック、サービスBOMへの連携などが必要です。

設計変更のBOM連携は、各システムに人の手で行う場合には相当な人的工数が必要になります。効率化、正確性の向上のためには、BOMの構成・連携管理ができるPLMまたはPDMシステムを導入すると良いでしょう。

3-10 生産管理機能（6）製品データ管理とBOM管理、設計プロセス連携

周辺・特殊業務：品目管理は生産を成り立たせる前提条件となる

品目データ管理と品目マスタ連携

現在、生産管理の業務を回すためには、システムが不可欠になっています。システムを動かすためにも、品目に関するデータ整備は必須です。**品目**とは、製品、仕掛品、部品、原材料、貯蔵品などのモノ全般を指します。

品目データには一意に識別できる名称と番号が必要です。番号は品番と呼ばれます。また、品目には各種特性が定義されます。単価、重量、容積など必要な設定がされていきます。

品目に関わるデータの源流は、最近ではPLMまたはPDMと呼ばれる製品データベースが使われます。 PLM・PDMに登録された品目が生産管理に必要な各システムに連携されます。

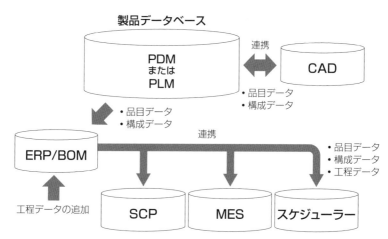

◆PDM、PLM、CAD、ERP/BOMの連携とSCP、MES、スケジューラーへの連携

ERPなどの基幹システムを導入している場合、ERPの持つ品目マスタにPLM・PDMから必要な品目データを連携します。ERPの品目マスタもさまざまな特性が登録できるため、生産管理での品目の"親"をERPが担い、ERPからSCPやMES、スケジューラーのマスタデータが連携されることになります。しかし、すべてのシステムのすべてのマスタ項目がERPにあるわけではないので、各システムでの項目設定は必要です。

設計BOM、生産BOM、サービスBOMの連携

生産管理に関わるシステムの多くは品目マスタだけでは十分ではありません。場所を示す項目や保管場所を示す項目、工程、設備、得意先、仕入先などのさまざまなマスタが必要です。

生産管理の中で核になるマスタがBOMです。BOMは品目の構成と品目にひも付いた工程の情報を持っています。生産管理で重要になるのは生産BOMです。

生産BOMは所要量計算を行う際に使います。製造指図や購買指図を作るための重要なマスタです。また、原価積算時の積み上げ時にも生産BOMを使います。生産管理では骨格になる重要なマスタになります。

生産BOMをきちんと維持するためには、設計部門、生産技術部門の力が必要です。設計部門で機能図面を描き、総図面から部品図などの構成品目の図面を起こします。部品・原材料を特定し、設計BOMを作ります。生産技術部門は設計部門と協力して、機能図面と工程を照らし合わせ、組立順序などを検討し、製造図面を作ります。部品図にある構成品目でも、本体に先に組み付ける必要がある構成品目がある場合には、製造図面では部品に組み付けるのではなく、本体に組み付ける図面を描きます。製造図面は製造順序や工程を意識した図面で、こちらが生産BOMのもとになります。

また、製品寿命が長い製品についてはアフターサービスが重要になり、サービスBOMも必要です。**設計⇒製造⇒サービスとBOMを連携させることで、精緻な品目管理、BOM管理ができます。**

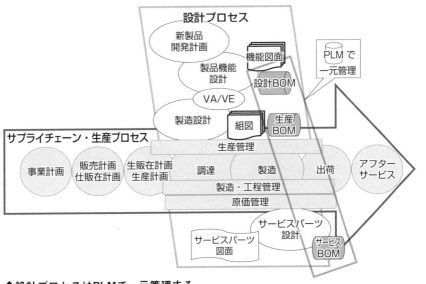

◆設計プロセスはPLMで一元管理する

設計変更と製造バージョン管理とレシピ

　設計BOMも生産BOMも一元管理を行うPLMという仕組みがあります。PLMを使うことで設計変更情報をBOM間で迅速に連携でき、BOMのバージョン管理、世代管理が容易になります。

　組立産業ではBOMと呼ばれますが、化学や製薬、食品などのプロセス産業ではレシピと呼ばれます。BOM同様に構成品目が設定されています。

安全貿易管理の品目データ管理への取り込み

　品目には輸出に関わる規制などの情報も併せて持たせたいものです。品目管理の責任が設計部門や購買部門、営業部門などに分散しているため、法令などを遵守して輸出管理を行う安全貿易管理上の情報管理が抜け落ち、個人の表計算ソフトでの管理になっている会社がたくさんあります。

　PDMや品目マスタで一元的に品目情報が管理できるのであれば、原

産地コードや該非判定、**RoHS**（特定有害物質使用制限）**指令**などの安全貿易管理上の品目情報も統合して管理すべきです。**該非判定**とは、兵器の開発、製造、使用、加工に使われるようなモノでないかどうかの判定をすることで、非該当品でないと輸出できません。RoHS指令は、電気・電子機器に含まれる特定有害物質の使用制限に関する欧州議会および理事会の指令を指し、RoHS指令に従って有害物質が基準値以下に対応していることを要求されていて、この基準に対応しないと欧州に輸出ができません。こうした各種貿易上の規制に関わるデータの一元管理が必要なのです。

◆RoHS指令の対象物質

RoHS指令 （通称RoHS2指令）の 対象物質	略号	最大許容濃度	主な用途・備考
カドミウム	Cd	0.01wt%	顔料、ニッカド電池、メッキ材料
鉛	Pb	0.1wt%	蓄電池、金属の快削性向上のための合金成分
水銀	Hg	0.1wt%	歯の詰め物、農薬、温度計など。毒性が強く、現在は使用が控えられている
六価クロム	Cr6+	0.1wt%	メッキの材料
ポリ臭化ビフェニル	PBB	0.1wt%	自動車用塗料、難燃剤としての添加物
ポリ臭化ジフェニルエーテル	PBDE	0.1wt%	燃えにくくするために加える物質（難燃剤）。電気製品、繊維に添加する
フタル酸ジエチルヘキシル	DEHP	0.1wt%	加工しやすくするために加える物質（可塑剤）。塩化ビニル樹脂などを柔らかくするのに用いられる
フタル酸ジブチル	DBP	0.1wt%	
フタル酸ブチルベンジル	BBP	0.1wt%	
フタル酸ジイソブチル	DIBP	0.1wt%	

生産管理機能(7)新製品計画・試作における業務連携プロセス

品目コードがない新製品開発と試作に関わる業務連携

新製品開発時のコードなし状態、またはダミーコードでの計画

品目マスタをきちんと設定し、製造に活かすのが生産管理では重要だと述べましたが、実は新製品開発時には品目マスタに定義がない段階で生産を検討する必要があります。特にハイテク品のように部品の調達リードタイムが長い場合や開発中の部品を品目構成に入れなければならない場合、品目コードをとらずに計画しなければなりません。

つまり**SCPでもERP（MRP）でも確定した品目コードなしで計画することが必要になるのです。**この場合は、ダミーコードを発番して管理するしかありません。品目マスタとBOM構成上ダミーコードを設定して、SCPやERPに連携します。

品目コードが振られた段階で、ダミーコード計画を洗い替えます。

試作における生産・調達の業務プロセス

試作段階でも品目コードがない場合があります。**品目コードがない段階で試作用の資材を先行して発注しなければならない場合は、資材所要量計算はMRPで行わず発注します。**この場合、発注登録や発注をERPで行うか、システムで行わずマニュアル発注を行うか、取り決めが必要です。

また、試作段階で現行の構成品目を使った場合、試作用に出庫指示をさせ、使った分を試作での消費に振り替えます。

製造ラインを使っての試作時もMESへのマスタ設定は行わずに手作業で行います。試作してみないとわからない加工時間などの製造条件を事前設定するのは無理があるからです。

ただし、試作段階でのMES登録がきちんとできれば、管理レベルが格段に高くなります。できれば試作段階までには品目マスタの設定と

BOM設定、MESでのマスタ設定は済ませておきたいものです。そうすれば試作もシステムで管理できます。

　しかし、実際は未確定な情報も多いため、無理に行わず、運用やルールが守られるかどうかも見極めてMES登録をした上での試作管理を検討します。

◆新製品開発段階の生産管理

所要量展開	MRP活用	MRPを活用せず、表計算ソフトなどを活用
計画時のコード	ダミーコード	仮品名でも可
部品所要量展開	ダミーコードでのBOM作成、利用	表計算ソフトで計算
発注	・ダミーコードで発注 ・既存品は既存のコードで発注	・仮品名で発注 ・既存品は既存のコードで発注
入庫予定・入庫消込管理	・ダミーコードで管理と入庫消込 ・既存品は既存のコードで管理	・仮品名で管理と入庫消込 ・既存品は既存のコードで管理
その他	既存品は試作に振り替え	開発や研究所の購買システムがあれば活用することもある

製造指示	MES活用	MESを活用せず、表計算ソフトなどを活用
試作指示登録のコード	ダミーコード	仮品名でも可
試作時の作業標準	ダミーコードで指示 （投入指示、製造指示）	表計算ソフトで指示を作成
試作実績管理	・ダミーコードで実績管理 ・既存品は既存コードで実績管理	・仮品名で実績管理 ・既存品は既存コードで実績管理
その他	既存品は試作に振り替え	既存品は試作に振り替え

3-12 製品ライフサイクルに関わる周辺業務

販売開始、生産終了と販売終了、製品生産終了後のアフター管理プロセス

製品ライフサイクルと生産管理の業務機能

製品の生産・販売には**ライフサイクル**があります。販売開始時の立ち上げ、量産、生産終了と販売終了、アフターサービス、アフターサービスの終了です。

生産管理の主要な管理は量産タイミングを計ることです。試作については前節で述べましたが、ここでは販売開始時から、アフターサービスの停止までを見てみましょう。

販売開始時の生産管理業務

販売開始時は、通常先行生産を行い、市場に一気に供給するためにまとめて生産することが多くあります。販売計画も立ち上げ時を意識して積み増し、生産計画を立てていきます。新製品立ち上げ時期の在庫計画・基準在庫は量産期と異なり、人為的に設定して計画します。

販売開始後は、短サイクルで販売実績を監視し、販売が落ち着いたら在庫や生産を落ち着かせるような管理業務が必要です。近年は特に製品の改廃が激しく、コンビニなどであっという間に棚落ちするため、早急に部材調達や生産をストップしないと多くの在庫を抱えてしまいます。販売実績のタイムリーな可視化とアラートは、生産・調達のアクセル・ブレーキを踏むために重要な情報になります。

こうした新製品の販売計画と販売実績の対比やアラートはBIに機能を実装します。私のクライアントの例ですが、新製品の販売計画と販売実績の比較を4週間続け、その累積差異が30%を超えた際にアラートが出るようにシステムを設計しました。このアラートのおかげで、販促を行ったり、生産中止の意思決定ができたりし、在庫リスクを低減できました。

125

量産終了時における生産終了と販売終了の相違

　量産時期を過ぎて販売が落ち込むと生産終了を迎えます。しかし、生産が終了しても残っている製品在庫は売り切らなければならないので、販売終了の時期は先に延ばすこともあります。つまり、生産終了と販売終了のタイミングは通常ズレるのです。

　したがって、**生産管理のBOM上は生産中止品としての扱いに切り替えますが、販売が継続している間は、受注・出荷の対象としてシステム上に活かしておきます。** 在庫が終了または別に設定された販売終了時期になったら、出荷中止、受注中止として品目マスタのステータスを変えて管理します。

　生産中止の設定は生産管理側の品目マスタの品目有効期限または生産BOMの構成有効期限で管理します。 販売中止は販売・物流システム側の品目マスタで管理します。

　生産終了、販売終了のステータス管理と業務・システム的なブロックがうまく働かないと、終了した品目をうっかり生産してしまったり、受注をとってしまったりすることがあり、無駄な作業をするはめになりかねません。大会社であっても、こうした齟齬はよく起きていますから、業務とシステムできちんと統制がとれるようにしていくべきです。

量産中のサービスパーツの生産・供給管理

　量産中であっても、既に市場に出た製品に対する消耗品、修理用部品などのサービスパーツの供給は必須になります。**消耗品やサービスパーツの生産管理では、量産品と工程や設備を共有する場合、生産計画で需要を分けて計画する必要があります。** また、調達する購入部品なども量産用とサービスパーツ用に分けて所要量計算をします。

　ただし、設備の取り合いや工程能力の取り合いがある場合、製品とサービスパーツでどちらを優先して生産するか判断しなければなりません。その際は、顧客や需要、品目の重要性を見て判断しなければなりません。データだけでなく、生販で協議して優先すべき品目を決める必要があり

ます。

調達品も量産用とサービスパーツ用で別々に発注するか、統合して発注するか、決めなければなりません。量産用は大量に発注ができても、サービスパーツ用では少量の発注になる可能性が高く、サービスパーツ用は優先順位を落とされ、いつまで経っても供給されないというリスクがあります。

量産用、サービスパーツ用も、統合して発注することで、購買部門が社内で配分するか、あるいはサプライヤーと合意してサービスパーツ用でもきちんと供給できるようにしておかなければなりません。

▌量産・販売終了後のサービスパーツの生産・供給管理と供給終了

量産生産・販売が終了するとアフターセールス・アフターサービスの期間に入り、サービスパーツの提供が主業務になります。サービスパーツは部品の形で供給されるため、管理点数が膨大になります。よく出荷される品目とほとんど出荷されない品目が併存するので、計画立案方法も特性に応じて決めなければなりません。たとえば、出荷の多い品目は需要予測しながら、基準在庫も統計的な計算で行うのに対し、出荷が少ない品目はなくなったら要求を出すといった簡易な生産要求、購買要求にとどめるなどの取り決めが必要です。**こうした特性や取り決めに応じた品目別の業務設計とシステム適応が必要になります。**

市場にある製品が減少するに従ってサービスパーツの需要も落ちていきます。サービスパーツ自体も、生産終了と販売終了を管理します。

◆生産終了と販売終了の違い

	生産終了	販売終了
生産	生産中止	生産中止
受注・販売	受注可・販売可	受注不可・販売不可
製品在庫の制約	製品在庫がなくなるまで販売可	販売在庫があっても強制的に販売終了

グローバル需給管理、グローバル調達管理

需給管理、生産管理、調達管理もグローバル化させる

需要管理と仕販在計画、生販在計画のグローバル化とSCP

　販売も生産もグローバル化しています。生産管理も工場内に閉じこもった業務だけでは十分に機能できなくなってきています。

　需要自体がグローバル化しています。販売計画も受注も海外からも来ますから、国内需要と併せて管理しなければなりません。

　海外に販社がある場合は海外販社の仕販在計画を可視化し、管理しなければなりません。海外に工場がある場合は、海外工場の生販在計画を可視化し、管理しなければなりません。日本の本社が世界中の需要と仕販在計画、生販在計画を統合管理する必要があるのです。

　世界中の需要と仕販在計画、生販在計画を統合管理するためには、SCPに情報を統合し、グローバルでの管理を実現します。

生産計画のグローバル化とSCP

　生産計画もグローバルに集計し、可視化します。このとき、システムはSCPで統合します。SCP上に、各国工場の工程別負荷を可視化し、稼働計画を共有します。

　もし、ある工場の能力がひっ迫しているなら、必要に応じて生産を配分し、負荷を安定させます。逆に生産が不足し、稼働が維持できない工場があれば生産を配分し、工場収益の維持を支援します。

　常時高稼働で、今後の生産計画も高負荷の場合、設備を補修することができず、大トラブルを生むリスクがあるので、急ぎ生産の配分を行いメンテナンス、設備補修の余裕を与える意思決定も必要かもしれません。また、ひっ迫の原因が人員不足にあり、今後も人を増やすことが難しい場合には、生産拠点自体を移す必要があるかもしれません。

こうした世界中の製造拠点の稼働状況を把握し、グローバル生産をマネジメントする機能が必要になってきます。

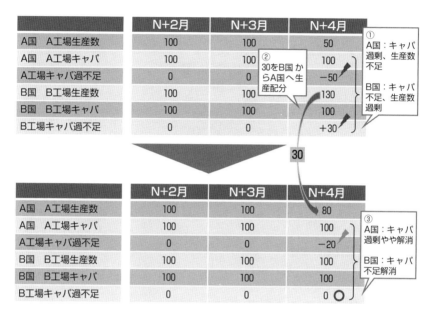

◆グローバルにキャパを調整する必要がある

調達管理のグローバル化とSCP

調達もグローバル化しています。高度な部品を供給できるサプライヤーは限られているので、各国の工場が1社のサプライヤーに殺到する可能性もあります。そうなると、各国工場への供給が滞り、生産ができなくなるリスクもあります。

SCPに世界中の需要と生産計画、調達計画を統合し、重要なサプライヤーに対しては本社または調達の本部が調整する必要があります。

	N+2月	N+3月	N+4月
A国　X部品所要量	100	100	100
B国　X部品所要量	100	300	
C国　X部品所要量	100	200	
グローバル所要量合計	300	600	
X部品サプライヤー供給可能数	300	300	300

①グローバル所要量合計がサプライヤー供給可能数（キャパ）オーバー

	N+2月	N+3月	N+4月
A国　X部品所要量	100	100	
B国　X部品所要量	100	300⇒200	
C国　X部品所要量	100	200⇒200	
グローバル所要量合計	300	600⇒500	
X部品サプライヤー供給可能数	300	300⇒500	

③グローバル調達品の配分（C国は全数充当、B国は3分の2まで充当）

②交渉によりサプライヤー供給数量増（増産、優先出荷割り当てなど）

◆グローバル調達品の調整

グローバルS&OPの業務構築の重要性

　グローバルで生産・調達を確実に成り立たせるためには、世界中の需要や生産・調達状況を可視化するだけでは不十分です。グローバルでの販売計画、仕販在計画、生販在計画、生産計画、調達計画を集約し、各種制約条件をチェックし、売上げ・利益の最大化と長期的な生産・供給を担保できる生産配分、部材配分、サプライヤー調整を行う業務プロセスと組織機能を設定しなければなりません。

　業務機能としてはグローバルで統合したS&OPになります。各国個別のS&OPを吸い上げ、グローバルS&OPにし、本社で意思決定します。総称していえば、グローバルSCMの業務になるのですが、生産管理としてはグローバルSCMの中核機能になるため、SCPによる可視化とSCPを使いながらグローバルに生産配分・調整、部材の供給配分・調整を行う機能を設置しなければなりません。

生産管理にグローバルSCMの構築が必要に

　生産がグローバル化するに従って、グローバルSCMが必要になります。生産管理の枠組みを超えて、海外販社と本社の営業組織を巻き込んだ計画立案と調整を行うことが必須になります。

　私の経験したX社での例です。X社はハイテク市販品を扱う会社です。この会社では、海外販社が中国工場に対し、各月に大口発注とゼロ発注を繰り返していました。そのため、中国工場では大口発注に対応するべく急な残業生産になったり、ゼロ発注によって作業者が急にヒマになって手待ちが発生したりしていました。これでは、中国工場は安定的に生産ができず、製造コストが上がってしまいます。海外販社の計画担当者のレベルが低く、月1回大量発注して在庫がなくなったら発注していたのです。たまに欠品すると今度は緊急生産要求、緊急空輸です。

　このような杜撰な管理をやめさせ、輸送船のスケジュールと合わせて毎週発注とし、工場は平準化生産を行い、海外販社の発注は平準化生産による生産分を買い取らせることにしました。ただし、工場が平準化生産をするといっても工場都合で勝手にするのではなく、海外販社が立てた販売計画に対して在庫を充当できる仕組みです。製品供給できる生産計画を立案し、合意にもとづいて生産して輸送したのです。

　つまり、**海外販社都合で、在庫がなくなったら発注ではなく、在庫をバッファー（緩衝材）にして、ある一定比率になるよう生産する**ルールにしたのです。この会社の場合は在庫月数が1.5カ月から2カ月に入るように、在庫をバッファーとした生産計画にしました。

　こうすることで、販社の在庫も減り、平準化により生産コストも下がり、供給問題も起こさず、確実に生産・供給することが可能になりました。結果的に連結の売上げ、利益、資金繰りといった財務上の数値も飛躍的に改善しました。海外拠点だからといって、その業務は不可侵ではありません。**本社が統制し、業務を定義して統括することで、連結利益も向上して連結経営上の経営基盤も強化できるのです。**グローバル需給管理の効果は大きなものです。

生産管理の未来③
個別部門の利害代表ではなく経営のプロへ
企業全体を見渡し、論理的思考と
基礎的経営スキルを身に付ける

■ 些末な現場主義と経験主義に陥ってしまった製造業

　以前、相談を受けた中に「工場の生産管理がうまくいかず、納期の遅れを繰り返しているので何とかしたい」というものがありました。何年も現場改善をして工数削減しているが、まったく問題が解決していませんでした。この会社をA社としましょう。

　話をよく聞くと、現場改善などでは対応できないことがわかりました。季節性のある製品を製造・販売しているこのA社では、受注生産と称して、販社から販売の最盛期前に受注をとり、こなしきれない注文を工場にまる投げしていたのです。

　需給バランスの悪さから、生産能力をはるかに超過する注文生産が来るため、納期通りに作れるはずがないのです。しかし、「現場が悪い」といって「生産性を改善せよ」と指示するだけでした。昭和の頃の成功経験から来る対策しかできず、何年も同じ状態を繰り返していたのです。

■ 生産管理における基礎的なプロセスと制約条件を知るべし

　論理的に考えれば、現場改善で対応できるはずはないのです。能力制約のある条件下では、生産能力をはるかに超える需要に対する対応は、事前に計画的に対策するしかありません。営業と生産管理部門で協力し、一部の定番製品の生産方式を見込生産に変えることで、販売計画にもとづく計画生産に変え、納期遅れを解消することができました。生産も安定し、大幅な原価低減にもつながりました。

■ 経験主義と個別最適を脱し、経営としての真摯な学びと勤勉さを

　このとき、経営陣の一部から改革案への反対が出ました。「販売側に計画を出させるとは何事だ。工場が悪い。工場が責任をとれ」とのことでした。しかし、工場の生産能力は無限ではありません。海外生産のA社では生産の柔軟性にも限界があります。製造と販売で連携しなければ解決しない問題です。経営として企業全体を見渡し、個別組織の利害にとらわれず、論理的に解決すべきことなのです。

第 4 章

生産管理業務と関連システム(2)
製造・工程管理

製造・工程管理:小日程計画、作業展開、製造指示

製造指図を受けて製造順序を決め、作業別の製造指示をかける

小日程計画による設備別の製造順序計画とスケジューラー

MRPから発行された製造指図だけでは、効率的な製造はできません。製造指図では、単に品目別・工程別の製造数が日にちごとに提示されているだけで、効率化や製造順序などの視点は入っていないのです。効率的に製造を行うためには、順序や製造まとめ、適切な設備の選択、作業への展開と作業段取りの考慮、作業者のスキルなどの項目を考慮した、製造指図から展開された製造指示が必要なのです。

したがって、**品目と工程の指定しかない製造指図を設備別に割り付ける必要があります**。設備や品目ごとの処理能力にも差があり、製造時間短縮を考慮した割り付け指示が必要です。製造にあたって設備の稼働時間を最大化すべく、段取り時間を最小化するように段取り替えの順序を考慮した指示が必要です。

段取りを最小化する製造順序と設備選択は、人の「勘と経験」で決める場合と、スケジューラーシステムで算出させる方法があります。設備ごとの製造順序を決めた計画を作って、製造指示に連携します。人が決めた製造順序またはスケジューラーが決めた製造順序を製造指図に付加して作業指示に連携します。

スケジューラーの中には製造の負荷を積んで製造能力の制約をチェックし、前倒し製造や代替設備の選択を行い、適正な小日程計画を立案してくれるものもあります。生産能力の上限を考慮して小日程計画を立案することを**有限能力小日程計画**（Finite Scheduling）、考慮しないことを**無限能力小日程計画**（Infinite Scheduling）といいます。

MRPやMESでは設備制約や段取り最適化計画はできない

　製造指示をするにあたって効率的な製造を目指す場合、設備の制約や段取りの組み合わせで稼働時間が変動することなども考慮しなければなりません。

　製造したくとも、ある品目の製造で特定の設備が使われていると、別の品目が製造できず、納期が守れない可能性があります。段取りも順序を間違えると、段取り時間が発生し、その分稼働時間が減少することで、製造ができない時間が増えてしまいます。

　こうした事態を避けるために、設備の取り合いや段取り時間を最小化する最適な製造順序を決める必要があります。通常、こうした制約条件を考慮した順序計画はシステム化されていることが少なく、属人的に行われています。**MRPやMESではこうした複雑なロジックで計画したり、作業展開したりできない**のです。

設備割り付け、段取り最適化、適正順序計画を行うスケジューラー

　納期をにらんで適正な設備割り付けを行い、段取りの最適化を行って、適正順序計画をスケジューラーで行います。小日程計画といわれる業務領域です。

　設備の割り付けを行う際は、各品目がどの設備で製造可能かといった条件付けを行います。特定の品目にしか使うことができない専用設備もあれば、複数の品目が製造できる汎用設備もあります。専用設備に共用設備でも製造可能な品目の計画が割り付けられている場合、汎用設備を使うように計画する、設備が空いていない場合は納期が先に来る優先製造品目から計画を割り付けるといったロジックが必要です。

　このロジックは、設備の空き状況を見て計画の割り付けをする機能です。仮に納期から逆算して計画を立てるべき期間に設備能力の空きがない場合、前倒しで製造を行う計画を立てるといった使い方もします。

　段取りに関しては、「品目A⇒品目B」の順序で作る際の段取り時間と、「品目B⇒品目A」の順序で作る際の段取り時間とを比べ、より段取り時

間が短くなるほうで計画立案を行います。**段取り時間は製造に使える時間ではないため、できるだけ少なくしたい**のです。

　簡単な例で説明しましょう。インクを製造する設備で、「黒インク⇒白インク」という順序で作るとかなり長い段取り時間が必要になります。黒インクを取り除き、きれいに洗浄しないと白インクがきれいに製造できないからです。逆に、「白インク⇒黒インク」の場合はインクを取り除く手間が省略できるので、前者よりも段取り時間が短く済みます。したがって、黒インクの後に白インクを作る順序計画は立てないといった適正順序計画の立案がされるわけです。

スケジューラーにはマスタ整備と実績データの適時取得が必須

　しかし、スケジューラーは簡単に使えるシステムではありません。管理レベルが高くないと、導入や運用に失敗するのです。

　まず、マスタ整備が必須です。マスタで整備すべき項目で重要なものが**稼働カレンダー**です。設備ごとの日々の稼働時間、残業可能時間を常に正確にメンテナンスしなければなりません。

　また、品目ごとにどの設備で製造できるかといったひも付け、さらに品目ごと、設備ごとの標準時間が必須です。品目ごと、設備ごとに標準時間が異なる場合、面倒でも必ず品目ごと、設備ごとの適正な設定がされないと正確な時間の消費が計算できません。

　さらに、設備ごとの品目の切り替えに関する段取り時間の変動マトリックスの整理、段取り時間の設定とその維持、治工具や人員といった必須の制約事項の設定なども必要になる場合もあります。こうした詳細のマスタデータを設定、維持するためには、高い管理レベルが要求されます。

　実績データでは、製造実績や在庫実績の管理、入力が必要です。製造実績や在庫実績がタイムリーに取得できないと、計画がどこまで進んだのか把握できず、不要な製造を計画したり、反対に必要な製造が計画されなかったりといった問題が発生します。こうしたことを避けるために計画立案のサイクルごとに実績データの取得が必要です。したがって、

管理レベルが低く、こうした**実績データが月1回しか正確にとれないと**いったレベルでは、**スケジューラーを使うことはほとんど不可能**なのです。

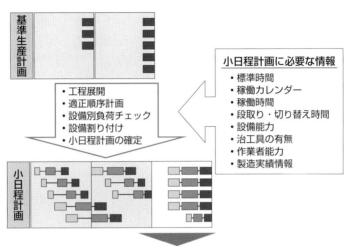

小日程計画を立案するスケジューラーは、必要とする情報が多岐にわたり、かつ
精度が求められるので、高い管理能力がない工場での導入は難しい

◆スケジューラーによる小日程計画

自動計画立案と人による計画調整

　スケジューラーで自動的に順序計画を立案した後、計画結果が必ずしも満足した結果でないことがあります。その際は、人の手で計画調整を行います。

　調整は、主に**ガントチャート**と呼ばれる機能で行います。設備に対して、品目別に計画が時間の線表で割り付いているチャートです。線表を人の手で動かしながら、計画を変更します。

　このとき、適当に線表が動かせると、工程間の前後関係が崩れる恐れがあります。前後の工程の連携を保ちつつ、線表が動かされないようにしなければなりません。また、計画を割り付けられる設備でない場合は、計画をはじく機能も必要です。マスタで品目と設備のひも付けがない場合は計画が割り付けられないようにします。

MRP⇒スケジューラー(⇒MRP)⇒MESでの計画と指示の連携

設備割り付け、設備稼働時間での能力の有無、段取り最適化を考慮した適正計画はスケジューラーでしか立案できないため、こうした順序計画が必要な場合、MRPとMESの間にシステム機能的にスケジューラーが収まる格好になります。

MRPからの製造指図を受けてスケジューラーで順序計画を立案するというのが、データの流れです。 立案結果はMRPに戻してから指図を生成し直し、MESに連携する場合と、MRPを通さずに直接スケジューリング結果をMESに連携する場合があります。

システム機能の連携は業務の流れに応じて適正な方法を選べるため、システム機能の配置を行ってから判断し、決めることになります。

実績データはMES⇒スケジューラー

実績データは「MES⇒スケジューラー」という流れで戻します。よくリアルタイム性を要求するケースがありますが、**リアルタイム連携は行うべきではありません。** 計画は1日単位で確定して指示すべきで、製造の進捗に合わせて計画に実績データを戻し、随時計画を変動させていては製造の現場が混乱します。

実績データのフィードバックはMESまでにとどめ、復旧や調整は現場レベルで行い、その日の業務が終了した後に実績データを戻して再計画するようにしましょう。

スケジューラーの導入は難易度が高い

スケジューラーは導入の難易度が高く、仮に導入できたとしても使い続けるためにマスタやデータの整備、業務運用がついてこられるかどうか難しいところです。人が計画する際は多少いい加減な設定やデータであっても、その場の判断で何とかします。しかし、システム処理をするということは、かなり精緻な設定の維持と正確なデータの取得が必要です。それ自体難しいのです。

　スケジューラーの運用には**MESからの製造実績データや在庫データの取得が必要ですし、生産管理システムと製造指図でつながります。**したがって、スケジューラー単独での導入はあり得ません。

　小日程計画の業務プロセスは、「製造指図取得⇒工程設備割り付け⇒段取りの最適化⇒有限能力計画（代替設備選択、前倒し・後ろ倒し計画）⇒計画調整」などです。こうしたプロセスを経た後、時間ベースの設備ごとの製造順序計画が立案されます。

▍小日程計画の連携先の選択の難しさ

　小日程計画で設備ごとの製造順序計画が立案された後、計画情報をERPに戻し、製造指図に指定設備や生産順序を持たせる場合があります。しかし、これでは指図の再発行になりかねず、システム的に複雑になるため、ERPに戻さずにMESにつないで作業指示につなげるケースが普通です。

　また、従来の日本企業ではMRPを使わずにスケジューラーをMRP代わりに使っている例も多く、既に導入されているスケジューラーの機能とMRPの機能をすみ分ける検討をしなければなりません。

　MRP（ERP）、スケジューラー、MESの連携を熟考し、システム機能の配置と連携を考えないと複雑なシステムになるため、注意が必要です。

生産管理機能（8）工程管理：製造指示、出庫指示、計量指示、製造統制、実績収集

製造・工程管理の核となるMESによる製造実行指示・実績収集

製造指図を受けた工程展開、作業展開と製造指示

　製造指図を受けて順序計画を作成したら、製造現場に指示を流せるように、工程を展開します。製造指図で認識する工程はそれなりにまとまっているため、実作業現場の細かい工程に合わせた展開が必要だからです。たとえば、加工工程に製造指図が出たとしても、その中には、さらに細かいサブ工程として切断、研磨、塗装、乾燥などの工程があることがあります。

　工程が展開された指示は、そのまま各作業現場に提示されるときもあります。そのようなときは紙や記憶された作業手順に沿って作業をすることになります。しかし、これでは属人化してしまい、作業や品質が安定せず、ミスのリスクも高いので、作業標準に従った作業展開まで行って指示をすることもあります。作業展開までするには、システムが必要です。

出庫指示や入出庫の在庫受け払いは必ず実施する

　製造指示だけでなく、出庫指示が必要な場合があります。日本の製造業ではこの出庫指示を「**カンバン**」と呼ぶ場合もあります。そもそもの「カンバン」とは違う意味ですが、慣習的に使われています。

　多くの製造業の実態として、製造で使う部材の出庫は指示しておらず、製造指示を見ながら各作業現場で必要な部材を特定し、自らとりに行くのが普通です。出庫指示が仕組み化されていない職場ではよくある状況です。しかし、これでは出庫が属人化し、ミスも起きやすく、在庫管理がいい加減になります。

　きちんとした在庫管理とミス防止のためには、製造に必要なタイミン

グで正確な出庫指示をする必要があります。そのためには、**製造に合わ
せた必要な部品の特定と出庫数量の計算は、システムで行います。**

　また、指示が出ていれば、指示通りの部材がきちんと出庫されたのか
どうかを出庫するタイミングでチェックできます。チェックを通って出
庫された場合、資材の保管場所から在庫の払い出し処理が行われ、在庫
管理の精度が上がります。

　多くの工場の製造現場では、出庫時に記録をとらず、製造完了時に、
使われたであろう部材を出庫されたものとして解釈した「**引きさる（バ
ックフラッシュするともいう）**」仕組みにしていることがあります。合理
的ですが、実在庫ベースの管理ではないため、実際の在庫との差異が出
て、在庫管理の精度が低下するリスクがあります。

　また、部材が工程に長く滞留して使われない場合、タイムリーな在庫
数の把握ができず、発注や製造に悪影響が生じます。在庫数が正確でな
いため、発注担当者や製造担当者が頻繁に現場に現品在庫を確認しにく
る手間も増えるので、効率が悪くなります。

　出庫指示だけでなく、現場からの製造完了品の入庫や使わなかった部
材の戻しについても記録されない場合があります。これではますます在
庫精度が下がるので、保管場所での入出庫受け払いを実施すべきです。

　**MESで出庫指示書を発行し、出庫の際は、出庫指示書のナンバーと棚
の品目のナンバーを突合します。**HTで出庫指示書、保管棚、品目のバー
コードを読ませ、出庫数量を突合すればミスも少なくなるでしょう。

計量指示により誤投入防止と投入実績データの取得ができる

　医薬品、食品、化学品を製造する会社では、**計量指示**も重要な業務に
なります。計量時に誤った原材料を選択していないかチェックでき、計
量を正しく行うことができます。誤投入防止になるのです。

　計量指示はMESで発行し、計量前にバーコードで計量指示書と現品
添付のバーコードを読ませて突合します。誤った品目の場合はアラート
が出るようにし、誤投入を防止します。

　計量時は、計量器と直結したパネルに計量値の上下限値を表示し、そ

の範囲内に計量が収まるように、計量作業者の作業に統制をかけます。多過ぎる場合も、少な過ぎる場合もアラートを出し、補正できるようにガイドします。こうすることで過剰投入もしくは過少投入が回避できます。

計量した部材が製造に対する投入実績になるため、実績収集を兼ねることができます。どの部材をどれほど投入したのかもわかるのでトレースもできます。

誤投入防止と製造トレースが厳しい製薬会社などでは計量（秤量）指示や計量・投入実績の把握は必須のため、早くからシステムで指示、チェック、統制がかかっています。

製造指示に対する実績収集

製造指示に対して、指示通りに作業したかどうかを記録するため、実績データが収集されます。投入実績、着手、完了、作業者、作業完成実績（良品実績）数量、仕損（不良）実績数量を収集・記録します。このとき**MESで自動取得ができれば、効率的に正確なデータが取得できます**。

システム化されていない場合は、紙に記録されます。記録するときは、自分で数える、制御盤などに表示された数字を書き込むなどの手作業が

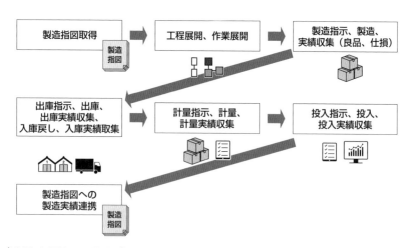

◆製造実行管理の業務プロセス

142

必要です。現場パソコンに表計算ソフトが入っていて、キーボードで打ち込むシステムを作っている企業もあります。

　MESで指示と実績収集が連動していれば、指示に対して実績データを突合しながら記録がとれるので便利です。さらに、MESが設備や制御盤まで指示データを飛ばし、それに対する実績データが設備や制御盤から自動で戻ってくる仕組みがあれば、人が介在せず、効率的で正確な実績データがタイムリーに取得できます。

　製造実行管理の業務プロセスは、図の通りです。

MES＝製造指示

　こうした一連の工程展開、作業展開をして現場に指示を与える仕組みがMESです。MESは作業標準に従って作業展開します。作業標準がきちんと定義され、維持されていないとMESに意味がなくなることがあるのでマスタとしての作業標準の維持、メンテナンスは必須作業になります。

●**製造指図の連携**
-ERP（MRP）からの製造指図取得

●**在庫引当**
-仕掛品引当
-引当順序管理
-在庫切り替え対応
-有効期限対応
-有効成分含有量引当

●**工程展開・作業展開・製造指示**
-工程展開・作業展開
-ロットナンバー採番
-製造指示発行
-PLC・計装機器への指示連携

●**出庫指図**
-出庫単位まとめ
-出庫先指示
-出庫元情報
-自動倉庫連携

●**製造指示の電子承認**
-電子承認

●**実績収集**
-PLC・計装機器からのデータ取り込み
-バーコード情報の取り込み
-秤量入目の差異への対応
-出庫確認
-着手確認
-完了報告
-仕掛報告
-製造条件の確認

●**実績報告の承認**
-電子承認

●**実績記録**
-稼働実績分析
-投入実績分析
-出来高分析
-進捗管理

●**製造指図消込連携**
-ERP（MRP）への製造実績戻し

◆**MESの機能**

製造・工程管理というProduction Controlの領域

生産管理の領域では、狭義の生産管理といわれる「**Production Control**」の世界が製造・工程管理です。この領域は統制の領域で、生産マネジメントの領域とは異なる領域です。

ルール通りにモノが作られたかどうか、生産マネジメント側で設定された各種目標値は達成できているかどうか、といったことが記録され、監視されます。

かつては実績だけを収集するPOPが中心だった

製造現場のIT化は当初、設備から実績データだけをとるところから始まりました。流通業の販売実績を集める**POS**（Point of Sales：販売時点情報管理）システムのコンセプトを製造現場に導入し、製造現場の実績収集システムとして**POP**（Point of Production：生産時点管理）システムが導入されました。

POPは設備からの製造実績としての数量情報をPLC経由で蓄積しました。POPはあくまでも実績データのみが収集されるので、実績と対比すべき製造指示数や稼働時間、良品率目標などの数値は持ちません。収集した実績データは別なシステムで突合・対比する必要がありました。

指示と実績の管理が進化し、MESが登場

近年、製造物責任が重視されるようになり、指示通りにモノが作られたのか、誰が、いつ、どのように作ったのか、といった指示に対する実行の記録が求められるようになりました。そのため、POPの機能だけでは不十分になりました。

POPで実績データが収集できるのはそれなりの価値がありましたが、集めた実績データを集計し、分析してはじめて意味のあるものになります。データを使うにも、整理する手間と時間がかかり、アクションが遅れます。

そもそも、POPは実績データを集めるだけの仕組みです。MESのよ

うに指示と実績の対比ができないため、実績データを表計算ソフトなど
で加工し、整理・分析してからでないと原因や対策がわからないので、
改善するための対応のサイクルが遅く、使い勝手の悪いデータ収集の方
法でしかありませんでした。その上、指示に対する作業実績の状況を記
録することができず、結局手書きの作業台帳が別途必須なのです。

　こうしたことから、POPより便利で、指示を行い、作業統制を行う
とともに、製造実行の記録を実績としてデータ化して、指示と実績の差
異、ミス、作業の状況、作業した際の条件を蓄積する仕組みがMESです。
MESの中では作業統制を行うために、作業手順や作業標準が登録されて
いるため、指示と実績の突き合わせができるのです。

　MESで作業指示を行う際には、作業手順と作業標準を呼び出し、パ
ネルやHT、制御盤に指示を出し、手順と標準通りに作業しないとエラ
ーが表示されるので作業統制が可能になりました。作業を正確に行い、
ミスした作業は次工程に送らず対処を促すことができるのです。その上
で、指示通りであったか実績データが収集できるのです。

製造記録の高度化とトレーサビリティの重視

　MESは作業統制上有効な仕組みです。さらに、**製造記録**としても重
要な意義があります。1つひとつの作業の実績を製造記録として保持で
きるのです。

　どの作業で問題があったのか、ミスがあったのか、作業標準違反があ
ったのか追いかけることができます。作業記録が蓄積されるわけです。
作業トレースができるデータが保持されます。

　製造物責任が重要になり、**トレーサビリティ**が重要になりました。ト
レーサビリティとは、製品に不具合があった際に、どの製品、どの作業
指示に対し、不具合があったのかを遡って原因追及が確実にでき、かつ、
問題製品がどの範囲まで出荷されたのかを確認し、販売や出荷の停止、
回収を行えるようにする仕組みです。

　トレーサビリティが確立されていると、迅速に問題作業を発見し、改
善もできます。製薬会社のような業種では、特に問題があった製品、製

145

造ロットを遡る要求が強く、早くからMESでトレーサビリティの仕組みが構築されました。

　昨今では、すべての製造業でトレーサビリティが求められていますが、いまだ紙の製造記録の場合は、問題発生時に紙をあさってトレースするため、膨大な時間がかかります。製造指示と製造ロットナンバーがひも付くことで、ロットナンバーに対する製造指示を誰が、どの設備で、どのような製造条件で行ったのかがトレースできるのです。

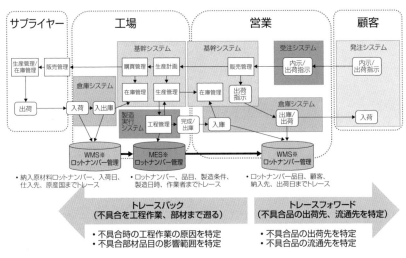

※WMSとMESのロットナンバー連携については4-7で記述

◆トレーサビリティ

工程管理(1) 指図受領、工程展開、製造指示作成、ロット管理

工程管理では、MRPの指図を受けて作業指示へとつなげていく

MRPからの製造指図の取得と工程展開（作業展開）

MESで製造指示を作るためにはMRPから製造指図を受け取ります。
MRPでの所要量展開では、工程別の生産必要数量（＝**従属需要**）を算
出しています。MESではMRPで展開された工程別の製造指図を受け取
って、MESで認識する工程単位に工程展開・作業展開します。

工程展開・作業展開は、工程と作業の切り方によって同義であったり、
相違したりします。組立前準備工程＝組立前準備作業であれば同義です
が、組立前準備工程に部材取りそろえ、仮取り付け、治具取り付け、仮
締めなどの作業が細かくある場合があります。こうした作業まで展開す
る場合は、MESで認識する工程の作業まで展開する場合もあります。
MESで展開するのがMESで認識する工程レベルか、さらに細かい作業
レベルまであるのか、といった違いは定義の違いです。ここでは、
MESで認識する工程と作業を同義で扱うため、**工程展開**（作業展開）
という記述をします。

MRPで所要量展開した後、計算された生産必要数量は、製造指図に
よってMRPで認識する工程に割り付けていますが、改めてMESで工程
展開（作業展開）します。MRPとMESで認識する工程の詳細度が違う
からです。

MRPで認識する工程は、仕掛品を製造する際の工程を伴う、原価積
算と発注計算用の仕掛品所要量を計算するための工程です。したがって、
**MRPで認識する工程はMESで認識する製造作業上の工程より粗いものに
なります**。

一方、MESで認識する工程は作業工程です。したがって、MRPで認
識する工程よりも細かくなります。たとえば、組立製造において、

147

MRPで認識する工程が、「最終組立⇒部品の組立加工」という工程のレベルとします。このとき、MESでは、最終組立工程をさらに分解した「検査⇒仕上げ⇒オプション組付け⇒総組⇒事前小組」といった作業工程に分かれるといった具合です。加工工程を例にとれば、MRP上で認識する加工工程は、「切断⇒研磨⇒塗装⇒乾燥」といったMES上の作業工程に分かれます。

製造指図はMRPによって「最終組立⇒部品組立⇒加工」のMRPで認識する各工程で発行され、製造所要量がMESに渡されます。MESでは、「検査⇒仕上げ⇒オプション組付け⇒総組⇒事前小組」という工程展開（作業展開）になるので、工程別の作業指示となります。

MRPとMESの機能分担をきちんとするためには、資産管理、原価管理を目的とした生産マネジメント上のMRP工程の認識と作業統制指示⇒実績収集を目的とした工程（作業）管理上のMESの工程認識が明確に峻別されていないといけません。

よく見かけるのは、MESで管理すべき詳細なレベルの工程をMRP側に設定してしまい、MRPのBOM管理が複雑になるケースです。**MRPとMESで認識する工程がきちんと峻別されていれば、それぞれの工程のマス**

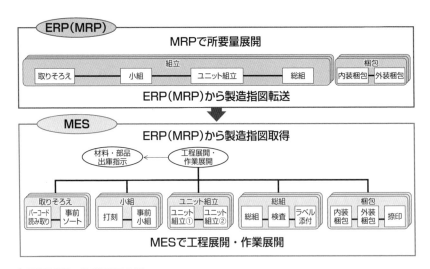

◆工程展開・作業展開の例

タ管理が楽になります。MRP、MESそれぞれで管理すべきレベルを峻別して、適切に設定、管理しましょう。

出庫指示、配膳指示、小分け指示、投入指示・計量指示、作業指示

MESで工程展開（作業展開）がされたら、製造に必要な出庫指示、投入指示・計量指示、作業指示を生成し、指示を出します。

出庫指示は、部品や原材料の保管場所からの出庫の指示です。こちらも、MRPでの出庫指示と峻別します。**MRPの出庫指示は、原価管理、資産管理としての在庫管理のための保管場所から、MRPで認識する工程へ出庫指示をすることです。**工場間転送や資材倉庫出庫などの指示がそれにあたります。

それに対し、**MESの出庫指示は、部材の保管場所から各製造工程にある具体的な製造現場に出庫指示をすることです。**たとえば、MRPでは最終組立工程への出庫指示ですが、MESではMRPの出庫指示を受けて、事前小組への出庫、総組への出庫、オプション組付けへの出庫などのMESで認識する詳細な工程に対する出庫指示となります。また、MRPで管理しないビスやネジのような小部品類の出庫指示もMESで行います。

出庫する際、製造単位に合わせて取りそろえる出庫作業のことを**配膳指示**もしくは**マーシャリング**といいます。製造単位に合わせて取りそろえるための“配膳まとめ”出庫指示はMESで行います。

配膳とは逆に、出庫する際に小分け出庫を要求する場合もあります。その際は、MESで小分け単位を作り、**小分け指示**を行います。

製造工程に出庫され、各作業工程に受け渡された部品や原材料に対して、工程や設備への投入指示・計量指示が出されます。投入指示に従って、正しい部材を正しい数量投入するように統制します。正しくない部材が投入されそうになったらエラーとなるようにMESで設定します。

正しい数量を投入するには、投入指示と同時に計量指示を行います。計量が正しく行われないとエラーになるようにMESに設定します。

計量に際しては、許容される誤差を表示し、目視での確認により誤差内に収まるように計量した上で投入させる統制も可能です。製薬会社や

食品メーカーでは、MESによる投入・計量タイミングでのミスを防ぐポカヨケがされています。バーコードやQRコードを使って、HTなどで読み込み、突合することで自動化ができます。

設備に部材の投入がされたら、作業です。作業指示は、MESで作業手順に展開し、指示をします。

作業標準SOPへの準拠

作業指示は、**作業標準SOP**（Standard of Procedure）に沿った作業手順になります。MESに作業手順が表示され、手順通り・作業標準通りに作業することを明示化し、作業統制をします。指示通りに作業しないと、次の作業に移れないように統制することも可能です。

MESには、作業標準であるSOPを登録しておかなければなりません。作業標準は紙で作られていることが多く、また、MESにはすべての詳細な作業標準を登録できるわけではありませんから、並行して紙での指示も考えておきます。

作業手順も、パネル、HT、制御盤などに表示させるようにします。パネル、HTはMES直結での構築ができます。制御盤に対しては、PLCを経由して作業を転送します。

出庫指示・投入指示におけるロット指定、ロットナンバー採番

出庫指示時や投入指示時にロット指定がある場合、MESでロット指示を行い、ロットミスが発生しないように制御することもあります。

品目によっては、賞味期限や有効期限などの期限管理がある場合、MES上で期限管理を行い、期限切れ品目の引当、出庫させないように制御することも可能です。期限切れに近いロットナンバーを出庫対象から外すことができるのです。

ロットナンバーの生成・採番はMESで行います。MESでロットナンバーが生成され、実績として管理できれば、MESでロットトレースができるからです。製造ごとにロットナンバーを採番する際、MESからラベルを出力し、貼る手間が生じます。品目を一意に認識するためには、

仕方のない工数です。このラベル貼りの手間によって、ロット管理ができ、ピッキングミスや誤投入が回避でき、ロットトレースができるので、労を惜しまず、かつ、工数が上がらない作業改善をして、実施すべきです。

ラベル貼りの工数を下げるために、サプライヤーからの納入部材はサプライヤーが採番したロットナンバーをそのまま使うこともできます。サプライヤーからの入庫やロット管理を簡易にするため、バーコードやQRコード付きのラベルが添付された納入を依頼または委託します。少々購入単価は上がるかもしれませんが、入庫受入れがスムーズになり、納入品目のロット管理ができますから、依頼や委託をする価値はあります。

製薬会社などでは製造ロットナンバーの採番行為が医薬品の製造行為の一部になります。**システムバリデーションチェック**といって製造行為の妥当性を確認、検証、認可するGMP（Good Manufacturing Practice）上の取り決めによる監査を行う対象はMESに限定することで、システムバリデーションチェックの範囲を限定できるのです。

基幹システム側でロットナンバーを採番すると基幹システムが変更されるたびにシステムバリデーションチェックが毎回行われることになり、無駄な作業となるため、ロットナンバーの管理はMESに行わせるべきです。

MESの指示はパソコン、HT、制御盤に連携して指示

いまだに多くの製造業では、作業指示が紙で行われていることが少なくありません。しかし、MESがあれば、紙で指示をしなくても良くなります。

MESで作業指示をする際は、現場に設置されているパソコンやパネルに指示を出し、MESの指示状況を統制する方法があります。パソコンの場合は、作業実績は指示が表示されているパソコンに直接入力することで、指示と実績がひも付きます。

HTを使う場合、MESの画面をHTに表示させることで指示、統制することもできます。作業実績は、指示が表示されているHTでバーコードなどを読み込んだり、HTに入力したりすることで登録します。

MESの作業指示を設備の制御盤まで転送して指示することもできます。その際は、PLC経由で制御盤にデータを送信します。設備制御盤に表示

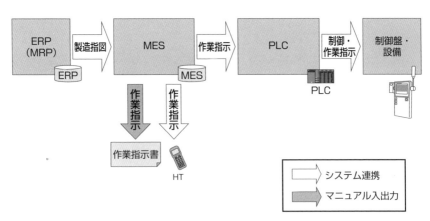

◆ERPから設備までのシステム構成

152

された指示ステップに沿って、作業をしていけるようにします。作業実績は制御盤からPLC経由でMESに戻し、収集します。

MESの作業指示をPLC経由で設備に送ることで、PLC経由で設備の稼働を制御することもできます。

計量の指示と計量実績データをMESに連携

計量の指示は計量器と連動したMESに指示を表示させます。計量器に部材を乗せると計量され、その結果が計量器に表示されるだけでなく、MESに計量中のデータが戻されることで、MES経由で許容範囲を判断しながら、数量を調整し、計量を完了させます。

計量結果が常にMESに戻されていれば、計量完了をMES側で行うことで、計量実績データがそのまま取得できます。

投入する部材が正しいものであるか、そうでないかをチェックするために、部材には事前に在庫を一意に認識できるバーコードやQRコードが入ったラベルを部材に添付しておきます。そのために、MESでの在庫情報を印字するラベルプリンターが必要で、かつ、そのラベルを読み込むためのリーダーが必要です。

プリンターは現場に配置する必要があります。ラベルのリーダーはHTを使うか、設備側にリーダーとなるセンサーなどを設置します。

MESでの製造指示の承認とWF連携

MESで製造指示の承認が必要な場合、**WF**（Work Flow[※]）機能を持たせて、指示の承認を行えるようにします。たとえば、製薬会社では作業指示の承認が必要です。こうした業務は紙の回覧で押印して行うこともできますが、それでは紙が必要になり、効率が良くありません。WFを導入し、電子的に承認ができ、承認後はそのまま作業指示が現場に流れていくようにします。

※WF（Work Flow）：部門間での申請書などを手順に従って流していくシステム。

工程管理(3) MES、PLC、HT、制御盤、設備、SCADAに実績データを連携

データ収集ルートとして指示と逆のデータの流れを作る

MESでできる実績収集の範囲とデータの流れ

MESが主軸となって作業の指示・統制が行えます。いわばMESは、作業統制の司令塔のようなものです。

一方、指示通りに作業が行われたかどうかも記録されます。MESを主軸とした"作業実績記録"です。"作業実績記録"と限定したのは、厳密にアプリケーションとしてのMESの機能における領域を限定するためです。その理由は、単に"実績"というと、作業の実績だけでなく、設備稼働時間や回転トルク、温度、圧力、含有水分量などといった設備稼働状況や品質上の情報までを意味してしまい、そうした情報までMESで収集できると考えてしまうからです。

もちろん、自作のMESやMESパッケージに改造を加えればこうした実績情報も取得可能です。しかし、MESの役割は主に作業の統制と作業指示通りに製造が行われたかどうかを記録することです。SOPに定義された作業指示にもとづく作業実績の遵守状況を収集するのが主で、設備の状況や品質情報を集める機能はほとんどありません。**システム的な機能分担でいえば、設備稼働情報はSCADAで集め、品質情報はLIMSで集めます**。

作業指示に対する作業実績データはMESに集約されますが、指示データはMESより先にあるデバイスにあたるHTやPLC、さらにPLC経由で制御盤や設備にまで飛んでいます。今度は、この逆の流れで作業実績データが収集されます。

MES端末としての現場にあるパソコンからの実績データ登録による収集が行われます。パソコンがタブレットの場合もあります。作業実績と完成出来高のデータが手入力で収集されます。計量器につながってい

る場合は、計量、投入で計量実績データと投入実績データが記録されます。

　HTを使用している場合は、HT経由で実績データが収集されます。作業完了と完成出来高がHTで記録されます。間にPLCを挟んで、その先にHTがある場合は、HT⇒PLC⇒MESと収集されます。

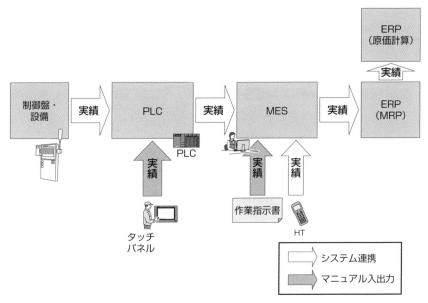

◆MESと連携した実績収集のシステム構成

MESで収集される実績データの例

　MESで収集される実績データの例として次ページの図のようなものがあります。

　追加開発などができれば、前述のように、設備稼働実績情報（稼働、非稼働など）や製造条件実績情報（回転トルクや温度など）もとることができますが、これはMES本来の機能ではないと認識しましょう。

- 出庫指示の引当実績
- 出庫実績
- 計量実績と計量補正値
- 投入実績
- 作業者
- 作業着手時間
- 作業完了時間
- 出来高実績（良品）
- 仕損実績（不適合品、一時排除品）
- 不良実績（廃棄品）
- 上記実績時の使用部材・仕掛品のロットナンバー記録
- 良品に対する採番ロットナンバー

◆MESで収集される実績データの例

設備稼働実績情報はMESではなく、SCADAに連携

　設備稼働実績情報は基本的にMESではなく、SCADAに連携します。前述のように、例外的にMESに稼働実績データを集めたい場合は、「制御盤⇒PLC⇒MES、設備⇒PLC⇒MES」の流れでデータ受け渡しを行います。ただし、MESは製造指示ナンバーに従ったデータを持つため、設備の停止、故障、復旧、段取りなどといった製造指示ナンバーにひも付けにくいデータの収集・蓄積の方法がありません。そのため、**特別なデータセット、データベースを構築しなければならなくなります。**その点、単なる時間軸での稼働、非稼働、停止、復旧といったステータス情報は

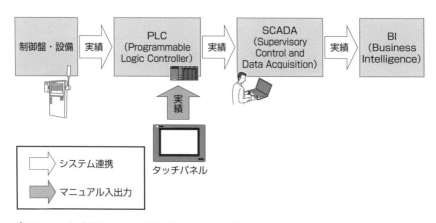

◆SCADAと連携させた実績収集システム連携

「制御盤⇒PLC⇒MES、設備⇒PLC⇒MES」ではなく、「制御盤⇒PLC⇒SCADA、設備⇒PLC⇒ SCADA」という流れで収集したほうがシステム構成としてはシンプルになります。

製造記録と出荷判定への連携

　製薬会社のように製造記録の最後に、GMPの取り決めに準拠して製造として妥当かどうかを判断し、製造責任者が出荷可能かどうかの判定を行います。

　完成実績から出荷判定の承認依頼につなげるためのワークフロー（WF）機能がMESパッケージにある場合はあらかじめ備えられた機能を使います。WF機能がない場合は別なWFシステムと組み合わせるか、WFを個別開発します。**製造業の場合、承認階層が多段階になり権限が複雑なため、一般的なMESやWFでは機能が不十分である場合があります。**たとえば、承認者不在のときの代理承認、下位から承認が上位に上がっていく（エスカレーションする）際、複数部門に承認依頼が展開されるなどといった複雑な機能を要求される場合です。承認プロセスをできるだけ簡素化すべきでしょう。

シリアルナンバー管理とロットナンバー管理の連携

　重要保安部品などは、構成される部品1つひとつにシリアルナンバーが採番されていることがあります。個別受注生産や受注生産で1台ずつ製造されるような製造形態であれば、作業指示ナンバーとシリアルナンバーが一意にひも付けされます。しかし、一般的には複数の量産品の製造品の中にシリアルナンバーが打たれた部品が1つずつ組み付けられます。製造指示ナンバー、ロットナンバー、シリアルナンバー、さらに出荷伝票ナンバー、出荷先ナンバー（顧客ナンバー）をひも付けて管理するには、製造指示ナンバー、ロットナンバー、シリアルナンバーまでMESで管理し、その後の出荷伝票ナンバーをWMSで、出荷先ナンバー（顧客ナンバー）を基幹システム側でひも付けし、連携した管理を実現します。

発注による入庫予定と入庫消込、在庫の引き落とし

MESからの入庫実績のERPへの戻し、消費とバックフラッシュ

基幹システムからの発注・入庫予定データのMES連携

　MRPでの発注計算による購買依頼が生成されると、生産管理システムなどの基幹システムで発注が行われます。このとき、発注データから入庫予定データが生成されます。入庫予定データはMESに連携され、資材の入庫に対する消込用データに使われます。入庫日ごとの品目別、サプライヤー別の入庫予定データがMESに渡されることで、入庫時にMESで入庫を計上して入庫予定を消し込むことができます。

　入庫予定データが基幹システムからMESに連携されていると、迅速に正確な入庫が可能です。入庫時にサプライヤーと入庫品目、数量をシステム的にチェックできます。MESに入庫予定データがあるため、数量の過不足や予定外の事前納入、未入庫がチェックできます。

　このとき、サプライヤーとの連携が進んでいて、サプライヤー側で発注側の品目コードが入ったバーコードやQRコードのラベルを添付してくれていると、品目の確認が目視ではなくHTやバーコードリーダーでできるのでチェックがさらに迅速になります。

　MESがないと、こうした入庫予定データがMESに連携できないため、入庫予定一覧を紙で打ち出し、受入れ時に紙に記入してチェックすることになります。チェックしたデータは再度システムに手入力になるため、手間もかかり、ミスも生まれやすいのです。

MESからの入庫実績データの基幹システムへの戻し

　入庫データが登録されたら、入庫実績データを基幹システム（ERP）に戻します。MESから取得した入庫実績データをもとに基幹システム側でも入庫予定を消し込んで、入庫⇒在庫計上と処理されます。

　基幹システム（ERP）側でも入庫予定と発注残が消し込まれ、仕入れ／買掛金の計上がされます。会計上の仕訳として総勘定元帳に仕訳データが登録されます。

　MESでロット管理をする場合、入庫時にサプライヤーでのロットナンバーを引き継いでMESでの品目入庫に対しロットナンバーを保持して入庫処理、在庫計上がされます。**ロットナンバーは基幹システム側には基本的に連携しません。**基幹システム（ERP）側は資産管理を主とし、詳細ロットナンバーまで管理するとデータが重くなり、余計な機能も追加しなければならないからです。

　もしも、業務要件上、基幹システム（ERP）側でロットナンバー管理をしたい場合は、基幹システムにアドオンが必要になり、開発費用も膨らみます。

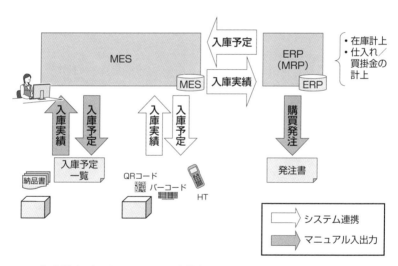

◆MRPの入庫予定データのMESへの連携とMESからERPへの戻し

資材受入れが倉庫で行われ、WMSが存在する場合

　もし、資材の受入れに関してWMSが存在し、WMSで入庫処理がされる場合は、「基幹システム（ERP）⇒WMS」に入庫予定データが渡

され、MESと同様の処理がなされます。入庫時もMES同様の処理が行われ、基幹システム（ERP）に入庫実績データが戻されます。

資材管理のWMSが存在する場合、MRPの生産計画にもとづく出庫指示がWMSに送られ、WMSから出庫が起き、製造現場に受け渡された時点でMESに対し製造現場への入庫としてデータが渡されます。以降、製造現場の工程データ管理としてMESで在庫管理が行われていきます。

┃出庫によるバックフラッシュと完成実績からのバックフラッシュ

資材倉庫で管理される資材（部品や原材料）は、出庫により在庫が引き落とされます。工程に払い出されているため、利用可能な在庫ではないからです。ただし、このタイミングではまだ使用されていないので、工程内に存在する部品や原材料の在庫として認識されます。投入後、完成をもって、部品や原材料が材料費として消費され、仕掛品へとコストが原価積算されます。残った部品や原材料は資材倉庫に戻され、再び入庫処理が行われます。

こうした順当な出庫、投入、完成・消費の流れを、より簡易に管理する方法が、完成実績からの引きさる（**バックフラッシュする**ともいう）ことです。バックフラッシュは出庫などの実績データをとらず、完成と同時に使った部品や原材料を引き落とします。残った部品や原材料は資材倉庫に戻され、再び入庫が行われますが、出庫に関わる受け払い処理は行いません。既にデータで使った分だけバックフラッシュで引き落とされているので、在庫数量は現物とシステムが合致するとされます。

バックフラッシュは資材倉庫での出庫が省略され、作業工数が減ります。効率的な管理方法ですが、工程に在庫を出しっぱなしにして紛失するなどの管理レベルが低い状態では、現物とシステムの在庫が合わなくなるので注意が必要です。

4-7 完成品の入庫と調達品の入庫の連携

完成品としての製品入庫と調達品の入庫

製造が完了し、MESで完成入庫を上げ、基幹システムに完成計上

製造が完了し、MESで完成入庫になると、MESの製造オーダーが消し込まれます。完成入庫した品目は、**完成仕掛品**、**製品前仕掛品**、**製品並み仕掛品**などの呼び名で呼ばれます。

製造としてはこれで完了のため、完成品の製造実績・入庫データとして基幹システムに戻されます。基幹システムでは製造指図が消し込まれ、完成品として計上されます。

製品の取り扱い組織による定義の相違

やや微妙なデータの連携になるのが、製品という定義がどの所属組織の管轄になるのかといった点です。

完成品を製品という定義で扱い、その所属が工場であれば、工場で製造完了データを取得した後、入庫データは製品に振り替えます。そうではなく、**製品が営業組織に所属する場合は、工場での在庫は完成仕掛品、製品前仕掛品、製品並み仕掛品などの仕掛品として認識し、営業倉庫などの場所移動をして営業組織の管轄に転送された時点で製品に振り替えます。**

WMSが存在する場合は「MES⇒WMS⇒基幹システム」と連携

工場での完成を受けて、入庫先にWMSが存在する場合は、入庫実績のデータは「MES⇒WMS⇒基幹システム」という流れになります。

その際、WMSが工場管轄の場合で、工場が製品勘定を持つ場合は、MESに入庫された時点で製品在庫に振り替え、その後WMSに入庫処理をします。工場が仕掛品勘定しか持たない場合は、MESからWMSに入庫され、基幹システムに連動されても、仕掛品勘定のままです。

工場の在庫が仕掛品の場合は、工場から出荷されたタイミングで製品在庫に振り替えます。

調達品の入庫は「MES⇒ERP」または「WMS⇒ERP」と連携

　調達品については、入庫予定データが基幹システム（ERP）からMESに渡されているので、入庫時にはMESから基幹システム（ERP）に入庫実績データが渡されます。この連携により、仕入れと買掛金の計上がされます。

　ただし、資材倉庫にWMSがある会社では、入庫予定データが基幹システム（ERP）からWMSに渡されていることがあります。そのようなケースでは、入庫時にWMSから基幹システム（ERP）に入庫実績データが渡されます。

　入庫時に際しては、調達品にサプライヤーのロットナンバーが付番されています。調達品のロットナンバーのデータは、MESで入庫処理されるときはMESに保持されます。**WMSを持ち、そこで入庫処理されるときにはWMSでロットナンバーのデータは保持されます。**

調達品の工程出庫時に「WMS⇒MES」とロットナンバーデータ連携

　WMSで調達品のロットナンバーのデータが管理されている場合、工程に出庫された時点で、その調達品のロットナンバーが引き渡されます。その後、製造の進捗に従ってMESの中でロットナンバーが引き継いで管理されます（4-2に掲載したトレーサビリティの図表はWMSがある場合のロットナンバー連携の例です）。

4-8 支給管理：有償支給と無償支給対応

外注発注と支給、支給在庫管理、有償支給材の売上げ

有償支給の業務要件とシステム要件

有償支給とは、外注製造に対する使用原材料の支給材が売上げになる取引です。

自社品の生産を外注に生産発注する際に、必要な部材を支給します。支給する際は、既に支給している在庫を差し引いて正味で必要な支給材を送ります。外注先が生産終了後、外注品の納入時をもって支給原材料の売上げを立てます。

納入時に外注業者からの仕入れとするのか、役務の提供として外注加工費を計上するのかは契約内容によります。

有償支給材の残在庫は定期的に報告をしてもらい、支給のための正味所要量を計算する際に活用します。ただし、原材料は有償での支給ということで、使用分ではなく支給分を売上げにする場合もあります。

また、支給した在庫は外注業者の資産になっているため、外注業者が支給依頼を行うケースもあります。

システム機能としては、**MRPで外注発注数量が計算された時点で、支給すべき原材料の所要量を計算し、外注発注とともに支給出庫指図を基幹システムで出します**。出庫指図はWMSなどに出庫指示として連携され、ピッキングして出庫、輸配送につながります。

外注した品目は発注残として管理されます。入庫予定がMESまたはWMSに転送されるのは、購買品目と同じです。入庫時は、入庫予定を消し込み、入庫データを基幹システムに送ります。基幹システム側では仕入れまたは外注費を立て、有償支給材の売上げを立てます。仕入れは材料費に振り替え、支給材の原価は有償支給の売上げの原価に算入します。

外注業者が支給指示をする場合、外注業者からの発注は自社の受注となるため、外注発注と自社受注を連携させる方法と、外注業者に自社のシステムの端末を与え、直接システムに受注登録入力を委託する方法があります。

無償支給の業務要件とシステム要件

無償支給とは、外注製造に対する使用原材料の支給材があたかも自社の工程に払い出されて製造に使われると認識し、外注からの入庫時に支給した原材料を原価に算入する取引です。

有償支給同様に、外注発注時に正味での支給所要量を計算します。無償支給材は自社資産であって、外注業者の資産ではないため、正確な在庫管理が必須です。外注業者から在庫実績の報告は都度受領しておきます。

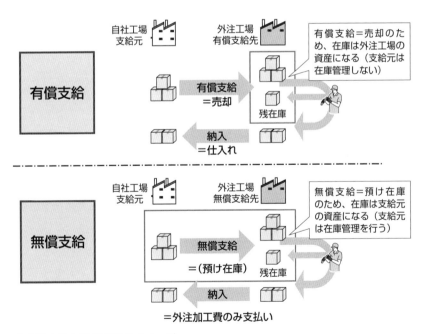

◆有償支給と無償支給のイメージ

　システム機能としては、**外注発注時に支給材の所要量展開を行い、支給数量に応じた出庫指示を行います**。外注製造後、入庫された時点で基幹システムに仕掛品として計上すると同時に使われた支給材を引き落とし、仕掛品原価に算入します。入庫した外注作業は外注費として計上し、買掛計上するとともに、外注費を仕掛品原価に算入します。

　有償支給と同様に、外注業者が支給指示をする場合、外注業者からの出庫指示（支給指示・在庫の転送指示）が必要です。

｜「わたり外注」という支給材・仕掛品が外注業者を渡り歩く生産形態

　製造業によっては、複数の外注業者を自社の支給材・仕掛品が渡り歩くケースがあります。これを「**わたり外注**」といいます。

　「わたり外注」の発注、支給、支給材の入出庫・在庫管理、外注品の入出庫を行うのは複雑な管理になり、システムを実装すると負担になる場合があります。本来、外注工程は自社工程と同じ位置付けとし、在庫管理も自社の在庫と同等の精度で管理できることが理想ですが、システムで取引すべてを取り込むのは大変です。

　「わたり外注」の業務をすべてシステムに取り込もうとすると、システム機能や業務運用が複雑になる可能性があるため、指示や在庫報告の一部は表計算ソフトで行うことで、システムの負担を軽くし、業務運用を簡素にすると良いでしょう。外注管理と支給管理はシステム化の負担が大きいので、どこまでシステムで管理できるようにすべきかといった方針をあらかじめ立てておきます。そうしないと、要件が膨らみ、コストが上がり、システムが複雑になって構築の難易度が上がります。構築後も運用に負荷がかかる可能性があります。**取引規模が小さい、あるいは資産などへのインパクトが少ないのであれば、無理にシステム化する必要はありません。**

生産管理の未来④
経験主義からフレームワークへ
経験主義・狭い視野の
タコつぼ化した製造業に未来はあるか?

■ 自分の経験にないことはわからない、存在しないというマインド

　以前、私が生産改革の構想を支援したB社での話です。B社は日・米・中・東南アジアに工場があり、同じサプライヤーZ社から同じ部品を調達していました。世界中の工場からZ社に注文が殺到する場合、サプライヤーZ社の供給がひっ迫して、B社の生産が停止するリスクがあります。対策として、グローバル調達管理をすべきだと提案しました。

　この提案は、調達部門や各工場にも調査をかけ、実態をつかんだ上での提案でした。しかし、日本の工場幹部の少なからぬ人が「そんな問題は起きていない、わが社ではそんなことに時間を使わず、現場改善が先だ」と反対しました。

　しかし、この問題は世界中の工場で起きていました。その問題を何とか防いでいたのは、日本の購買部のいち担当者でした。工夫を凝らし、サプライヤーと調整していたのです。しかし、いち担当なので、各工場の調達部門に指示は出せず、綱渡りのような調整でしのいでいたのです。

■ 学習を止め、経験主義に陥った製造業は生き残れるか?

　こうしたことは、業務プロセス分析をすれば把握できます。同じサプライヤーに調達が集中する業務が見えたときに、現状の把握とその対応を考えれば、対策も立てられます。業務プロセスを描いて、業務を可視化するという分析のフレームワークを学べばできるのです。

　この件は、何度も説明し、社長までたどりついてやっと対策が検討され始めました。過去に起きていない問題や自分の経験にない問題は存在しないといった思考停止では、問題が放置されます。経験がないからといわず、フレームワークに従って分析するという謙虚な姿勢が必要です。

　販売も生産も世界に広がり、管理が難しくなっています。視野を広げ、作業改善やいち組織の課題に矮小化せず、全体を見渡して問題解決をしていく真摯さが必要なのです。経験主義だけではもう生き残れないのです。

第

5 章

第 **5** 章

生産管理業務と関連システム (3)
原価管理

総合原価計算と個別原価計算、全部原価計算と直接原価計算

知っておくべき会計的視野で分類された原価計算の種類と特徴

原価計算の目的は原価統制と原価低減

　原価計算は生産に関わる「お金の流れ」を数値化したものです。 すなわち原価計算はさまざまな原価（コストとも呼ばれる）を集計した結果です。

　生産で管理する原価は製造原価と呼ばれ、主に材料費、労務費、経費が構成要素となっています。材料費は生産に使われる原材料、部品、資材の費用です。労務費は工場で働く人の人件費、経費は設備費や管理費、その他経費などです。

　原価計算の目的は、単に原価を集計するだけではありません。計画や実行があって、実績をチェックするというサイクルのチェック部分を担うのが原価管理です。生産に関わる予算や計画が立案され、生産が行われます。その結果使われる材料費、労務費、経費がいくらだったかを確認します。

　原価は結果を確認して終わりではありません。予算や計画を超過して損失が出ていないかをチェックした上で、予算通り、計画通りの生産を行い、決められた原価通りの生産ができるようにコントロールします。これを原価統制といいます。

　さらに、時代は変わって単に予算通りの原価だったかどうかをチェックするだけでは不十分になりました。原価低減（コストダウン）を行って利益を創出する考えが主流になり、目標原価を設定するようになりました。原価管理はチェックだけでなく、原価低減も目的になったのです。

　このように目的に応じて原価の集計方法もいろいろ考案されているので確認していきましょう。

原価費目の基本：直接費と間接費

原価計算の種類を知るために、最初に原価を構成する費目の分類について改めて確認します。原価を構成する費目の分類には、直接費と間接費があります。

直接費とは、製品や仕掛品に直接的に費用を集計できる費目です。たとえば、原材料や部品の費用、作業者の労務費です。こうした費用は「直接材料費」、「直接労務費」という費目名で製品や仕掛品に直接的に費用が集計されます。

間接費は、製品や仕掛品に直接的に費用を集計しにくい費目です。たとえば、工場の間接人員労務費や水道光熱費などの経費は、特定の製品・仕掛品に直接、費用を集計できません。こうした費目は、「間接労務費」あるいは「間接経費」としていったん費目単位で集計され、その後ある適当な配分比率をもって「配賦」されるのです。

配賦とは、ある適切なルールである「**配賦基準**」にもとづいて、原価が配分されることです。たとえば、生産台数や人数などを配賦基準にして間接費用が製品・仕掛品に配賦されたりします。より複雑になると、

直接費	間接費
直接労務費	**間接労務費**

例：現場作業者の労務費

例：工場事務所作業者の労務費

直接材料費　　　　　　　**間接材料費**

例：製造に使う部品、原材料

例：共通で使う原材料

直接経費　　　　　　　　**間接経費**

例：外注加工費、金型費

例：設備や建物の減価償却費、水道光熱費

◆**直接費と間接費の分類**

一度、組織別、作業区別に、人数や敷地面積などを配賦基準にして原価集計単位（原価センター）に配賦し、その後生産台数などで製品・仕掛品に配賦する、**多段階配賦**を行うこともあります。

総合原価計算と個別原価計算

総合原価計算と**個別原価計算**は原価の集計方法の違いに関わる分類になります。

総合原価計算は、仕掛品にすべての原価が集計されます。仕掛品が営業組織に引き渡されると、集計された原価が売上原価に算入されます。在庫として残された製品や仕掛品、部品・原材料は月末残棚卸資産に計上され、計上された原価が翌月（翌期）に繰り越されます。

総合原価計算は、ロット生産のように同じような製品を大量生産する見込生産などに適した原価計算方法です。

一方、個別原価計算は、受注と連動した製造指図（受注オーダー＝製造オーダー）ごとに原価を集計する方法です。個別原価計算はオーダー単位で原価を集計するため、オーダーごとのコストを把握したい生産方法に適した原価計算方式です。

生産管理システムで製造指図がきちんと発行されていれば、原価は製造指図に集計されます。総合原価計算では、指図に集計された原価を品目別に仕掛品に集計し、製品別の原価計算ができます。つまり、製品別の原価を集計し、どの製品が儲かっているのか、あるいは儲かっていないのかが把握できるのです。

個別原価計算では、受注と製造指図がひも付けられるので、受注オーダー単位に製造指図が把握できるオーダー別の原価計算ができます。オーダー別にどの受注案件が儲かっているのか、あるいは儲かっていないのかが把握できるのです。

全部原価計算と直接原価計算

全部原価計算と**直接原価計算**は会計目的による分類です。全部原価計算は報告用の財務会計で認められた会計手法ですが、直接原価計算は管

理会計用に会社内部での管理用に使われる会計手法です。

　全部原価計算はすべての原価を仕掛品に集計します。直接原価計算は、直接原価だけを仕掛品に集計し、間接原価は仕掛品に集計せずに別管理する方法です。

　全部原価計算では、すべての費目を原価に算入しますから、直接費は直接原価算入（直課）し、間接費は配賦によって原価算入します。すべての原価費目が集計され、仕掛品や製品の原価となっていきます。すべての原価費目が原価算入された結果、期末在庫になった原価分は、仕掛品や製品などの期末棚卸資産として翌期に繰り越されます。

　全部原価計算の特徴は、その期のうちに既に発生した費目をすべて原価算入し、かつ期末残は翌期に繰り越されることです。余計に作って在庫を余らせれば余らせるほど、次期繰越在庫に既に発生した原価が計上できます。つまり、作れば作るほど当期の原価が低くなって利益を大きく見せることができるのです。

　このように**全部原価計算は、現金が流出しているにもかかわらず、利益を計上できるため、悪意をもってすれば粉飾などの問題を起こすリスクがあります。**こうした歪みを排するために直接原価計算という方式が使われます。

　直接原価計算では、費目を変動費と固定費に分けて扱います。変動費は、販売量や生産量の変動によって変動する費目です。原材料費や直接労務費などがこれにあたります。固定費は、販売量や生産量に関係なく固定的に発生する費用で、工場の間接労務費や設備の減価償却費などがこれにあたります。

　直接原価計算では、変動費は、当期分は当期で費用計上されます。また、固定費分の当期費用は仕掛品や製品に計上せず当期の費用（＝原価）として扱います。このため、固定費が在庫に計上されて翌期に繰り越される全部原価計算と利益が相違します。

　たとえば、ある製品で直接労務費と直接材料費が500万円、間接費で固定的な費目として当期間接労務費が500万円あったとしましょう。生産量が100台で、そのうちの10台が売れ残ったとします。

このとき全部原価計算では、当期の原価は（500万円＋500万円）×90台÷100台＝900万円です。

一方、直接原価計算では、当期間接労務費は当期の費用として500万円をそのまま原価算入します。原価は500万円×90台/100台＋500万円＝950万円です。

仮にこの製品売上げが1,800万円だったとすると、全部原価計算では、1,800万円－900万円＝900万円の利益です。一方、直接原価計算では1,800万円－950万円＝850万円の利益です。原価が相違するため、結果的に利益も相違する結果になるのです。

直接原価計算では、販売活動や生産活動と連動する直接費を原価として把握し、直接収益に貢献した費用とその結果である貢献利益を算出します。過去の意思決定の結果発生した、販売活動や生産活動と連動しない固定的に発生する費用をその期の原価に算入することで、直接原価計算では貢献利益が固定費まで含めて賄えるかどうかをチェックしています。より保守的な管理ができるのです。

直接原価計算は、公開用の財務諸表としては認められていません。あくまで内部管理用の原価計算方法です。財務会計として外部に報告するためには、全部原価計算に補正して公開用の財務諸表に改める必要があります。

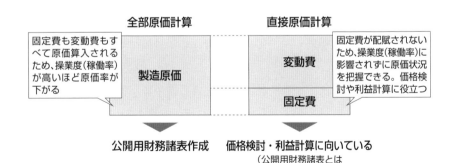

◆全部原価計算と直接原価計算の特徴

5-2 5つの原価計算と製造原価報告書の作成

"PDC"サイクルを回すために構築すべき原価計算の種類

製品企画・開発時に見積られる企画原価計算

　原価計算では、製品企画・開発時に見積りで計算される**企画原価計算**というものがあります。企画原価はこれから作られる製品の原価がいくらなのかを計算して価格付けの参考にしたり、原価が高いときに改善をするための計算に使われたりします。

　通常は、過去の類似品の労務費、材料費、経費を参考にします。完全な新規品の場合は、原材料を新たに計算して見積ったり、工数を計算して見積ったりします。

　企画原価が高過ぎるため、販売価格を高くしないと利益が出ないが、競合企業との競争上安易な高価格設定ができないことがあります。そのときは、コストダウンの施策を練って、原価を下げていきます。この活動を**原価企画**といいます。

　企画原価は、この後述べる標準原価計算のもとになります。しかし、標準原価を採用していない場合は、企画開発段階の原価見積りと価格を検討する際の参考情報にとどまります。

実際原価計算は原価実績による報告用財務諸表作成のため

　量産が始まると、原価計算には**実際原価計算**と**標準原価計算**という手法が使われます。

　実際原価計算とは、実際にかかった原価を集計することです。実際にかかった原価ということは、効率が悪く標準時間より余計に時間がかかったり、品質が悪く標準歩留まりを超えて不良品が出たり、原材料の価格が市場で高騰したりと、標準として決めた原価の変動が発生して、その変動分が実績として集計されているという意味です。

173

実績が実際の原価になり、財務諸表化されて外部に公表されます。**実際原価計算は経営成績を公表するために使われる原価計算で、正式に認められている外部報告の形式です。**

標準原価計算で計画的な原価設定を行う

実際原価計算は実績でしかないため、報告用として認められていますが、**内部管理としては、実際原価計算だけでは不十分です。**実際原価計算だけでは、昨対比や集計後の総金額での予算対比をするのがせいぜいで、計画と実際の差異、標準と実際の差異といった厳密な差異の原因究明は難しくなります。

原価管理においてマネジメントとは、PDCAサイクルの"PDC"までを回すことです。最初に計画により、目標としての基準・標準を設定して、実績がどうだったのかを測定しない限り、改善もおぼつかなくなりますし、計画統制も脆弱になります。

実際原価による原価実績しか管理していない場合、感覚的な「高い・安い」の判断に陥ります。あるいは、去年と比べてどうだったかのレベルにとどまります。これでは"PDC"的・経営的な管理ができません。また、実績が集計されてはじめて結果がわかるため、問題に気づくのが遅れます。こうしたことから、事前に標準を設定する原価計算が考案されました。それが標準原価計算です。

標準原価計算は、原価標準を設定するところから始まります。代表的な材料費、労務費、経費で費目を見てみましょう。標準材料費は、「標準使用量×標準価格」で設定します。労務費は、「標準作業時間×標準賃率」で設定します。経費は間接労務費の場合、「標準時間×標準賃率×標準配賦率」で設定し、その他経費は「標準経費額（予算額）×標準配賦率」で設定します。

原価管理で実際原価と標準原価の差異を管理する

標準原価が設定されれば、実際原価との差異が分析できます。標準原価と実際原価の差異を**原価差異**といい、差異の分析を行うことを**原価差**

異分析といいます。

　たとえば労務費が多くなった場合、原価差異として金額の差異が把握され、その構成要素である作業時間差異（標準作業時間と実際作業時間の差）、賃率差異（標準賃率と実際賃率の差）などが分析されます。

　実際の作業時間が標準時間より長くかかっていれば、作業時間差異となり、作業改善が促されます。賃率差異があり実際賃率が高い場合は、より安い作業者を雇用するか、実際賃率を今後の原価標準とするか、といったことが検討されます。

　材料使用量が多くなり、標準を超えた量になる場合は、実際材料費が標準材料費を上回る結果になり、その差異を分析します。たとえば、包装工程での材料差異が大きい場合、包装材のセットがうまくいかず、廃棄が繰り返される状況が放置されていることがあります。作業改善や設備改善を促し、原価を標準に近付ける必要があるのです。

　このように、標準原価計算によって、高度な原価管理が可能になります。標準原価計算は原価管理では必須の機能です。**しかし、標準原価計算には標準を設定するというハードルがあり、実際原価計算にとどまっている会社が多いのも事実です。**

見込原価計算による期中原価管理の迅速化

　標準原価計算が導入されていれば、期中に実際原価と標準原価の差異を分析することで改善ができます。こうした高度な管理をさらに推し進めて、見込原価による管理を導入することで、さらに管理レベルを上げることができます。それが**見込原価計算**です。

　期中になると、標準原価と実際原価の補正や外部購入品の単価変動が読めるようになるので、当初の標準ではなく、先の変化の見込みを想定し、見込みによる原価計算を再度行い、標準原価を見込原価で見直します。見込原価によって、先手のアクションがとれます。

　たとえば、原料が高騰し、この後も高騰が続きそうな場合、標準原価で計画された原価計画が大幅に悪化することが想定されます。その場合、悪化する原材料の価格差異を吸収できるだけの効率化やコストダウンが

できないかを計算し、シミュレーションを行うのが見込原価計算です。

　見込原価計算ができれば、安価な代替サプライヤーとの契約を確実にしたり、生産する製品ミックスを変えたりする計画を立てることができます。売上げが好調であれば、工場の操業度を上げたり、価格を上げたりすることで、利益面でのインパクトを見積り、意思決定を支援できます。**見込原価計算は、SCMにおけるS＆OPと統合して行うことで、原価見込を提供でき、経営の意思決定に寄与することができます。**

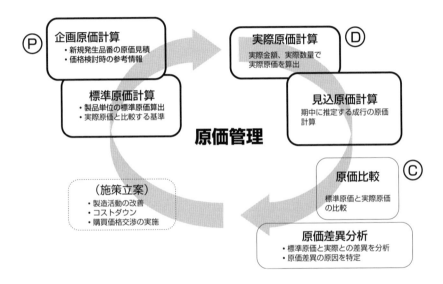

◆原価計算と原価管理の全体像

見積原価計算は個別受注生産に使う

　個別受注生産には特徴的な原価管理として、**見積原価計算**があります。

　個別受注生産では、受注ごとに個別に原価を見積らなければなりません。個別製品の設計にもとづき、工程を展開した後に想定で工数を見積り、想定される賃率か決められた標準賃率で労務費を見積計算します。材料費も経費も同様に見積りで計算しますが、同様に標準単価や決められた標準時間などの標準原単位があれば使い、なければ見積りで計算し

ます。標準単価や標準時間の見積りに関しては、昨年実績値などを参考にします。

　見積原価計算は、案件の引き合いに対する見積金額算定のためや、受注に対する当初の利益見込を設定するための計画原価として行われます。見積原価計算は実際原価計算と対比されます。

　見積原価計算に関しては、初期の設計段階では生産BOMがないため、表計算ソフトなどを使用して手作業で見積計算をすることが多くなります。設計部門や企画部門が主に作業するため、生産BOMとMRPを使うことにはなりません。そのため、システム化する場合は、見積計算用のBOMとシステムが別に必要になります。

　受注後製造に入ったら、生産BOMやWBS（3-8参照）を設定し、指図発行と実際原価計算に活用します。

製造原価報告書の作成とS&OPによる確認

　原価計算の結果である、製造原価報告書がマネジメント報告のために作られます。製造原価報告書は財務諸表の1つですが、製造業の内部管理用に毎月作られます。

　ただし、生産管理部門ではなく、工場と本社の経理部門が作成することになるため、生産管理の月次会議や、業務の製造原価報告書を検証し、問題点を分析するということはあまり行われていません。

　一般に生産管理の月次会議などでは出来高台数や稼働率などといった数量ベースの分析にとどまることが多いのですが、生産管理業務が企業の収益や在庫と資金繰りをマネジメントする機能であるべきです。そのために、**工場で行われている月次打ち合わせをS&OPに進化させ、計画や実績の検証だけでなく、製造原価報告書も一緒に確認しましょう。**

工程認識と指図構造、原価積算の流れと直接費、間接費配賦

生産管理、製造、生産技術、原価管理の各部門で協力して構築する

原価計算を生産管理システムで行う場合、BOMとMRPが必須

原価管理では、実際原価計算だけでなく、標準原価計算や見込原価計算ができることが望ましく、その実現には**生産BOMとMRPが構築されていること**が重要です。

MRPにより、生産BOMの構造に従って所要量展開が行われ、製造指図が発行される点は既に述べました。製造指図に従って、MESで製造指示が出て統制的に製造が実行され、製造実績が集計されます。

MESから実績が上がると、生産管理システムに工程ごとに実績が渡され、MRPとは逆の流れで発行された製造指図が消し込まれ、実際原価がMRPの所要量展開とは逆の流れで積み上げ計算され、原価積算が

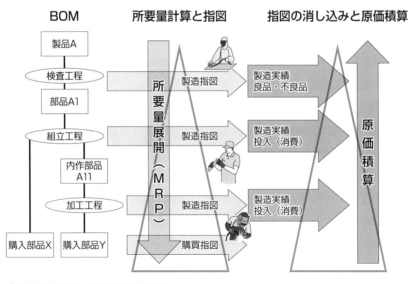

◆MRPを使用した原価計算の流れ

されます。

　生産管理システムを使って原価計算する場合は、このようにBOMとMRPが使われるのです。

事前準備としての工程認識と指図構造の定義

　MRPで正確に原価積算する場合は、原価を品目別に積み上げるために認識すべき工程が定義されている必要があります。

　たとえば、実際時間と実際賃率を集計する工程がBOM上で定義される必要があり、原価計算で認識される工程は製造指図で製造指示が出て認識される工程と一致します。この製造指示を受けて、MES側でさらに作業工程別に作業展開され、結果の集計も作業実績の工程ごとになされます。MESで集めた作業工程別の作業実績や投入実績が生産管理システムに渡され、製造指図の工程に集計され、実績として積み上げ計算されます。

直接費の原価積算の流れ

　直接費はMRPで積算します。工程ごとの実際直接材料費（実際投入材料数量×実際単価）、実際直接労務費（実際投入工数×実際賃率）、実際直接経費が工程を経由して上位の構成品目に原価として集計積算されます。

　上位品目が仕掛品である場合、一度仕掛品に計上され、次の工程に投入した際に、同様に実際直接材料費（＝実際仕掛品）の使用実際資産評価額が投入されて計算されます。仕掛品の出庫側では、出庫後在庫が減り、資産としては消費されたことになり、在庫が減ります。このように、在庫が次々（出庫＝投入）⇒（費消＝積算）と変換されていきます。

　上位品目に良品として計上されない不良品や廃棄品は仕損費用ですが、良品に原価として積算されます。良品の出来高が少ないほど、無駄に不良品や廃棄品のコストが計上されていくので1個当たりの原価が悪化します。

間接費の配賦と原価センターの定義

　間接費は一度集計され、品目、工程ごとにルールに従って配賦されます。間接費は一度、原価センターと呼ばれる原価の集計単位に集約（**プール**）されます。原価センターは製造の組やシフトといった評価・改善を担う機能組織になる場合もありますが、単なる集計単位として製造部や工場全体になったりもします。

　たとえば、加工工程の光熱費は「加工工程」という原価センターに集計され、生産数に応じて製造指図に従って加工品に配賦されます。また、工場の間接人員の労務費は間接費として工場全体でプールされ、生産数に応じて完成品に配賦されます。

　間接費に関しては、集計先になる品目の特定と積算する際の工程定義が必要です。これは、指図にもとづかない作業になるため、その実績の積算は指図を消し込むのではなく、原価計算用に積算方法を設定します。

　原価センターの定義や配賦ルールは生産管理システムの中にあっても、原価計算に関わります。**生産BOMの構造を前提に、原価センターと配賦構造、配賦ルールを定義して、最上位品に原価を積み上げ計算できるように構造を定義します。**

　生産BOMを使い、原価センターと配賦ルールも定義して、MRPを活用しながら原価積算を行うことができれば、原価計算がシステム化され、スピーディーに実際原価計算ができます。また、標準原価計算と実際原価計算が同一の定義で構造化されているので原価差異の可視化がすぐに行えます。

　こうした仕組みがない場合は、表計算ソフトを使って原価積算の仕組みを作るので、フォーマットの作成・維持、実績入力作業が大変です。また、原価構造定義が属人化して、担当者しかわからず、かつ原価の発生元である部署へのフィードバックも難しくなるので、構築の苦労はあるものの、原価計算のシステム化を生産管理のシステム化と同じタイミングで組織を横断して実施し、各マスタなどの作成、維持の運用も決めていくべきでしょう。

　原価計算をシステム化するためには、**生産管理部門、製造部門、生産技術部門、原価管理部門が協力して工程認識をすり合わせ、工程を定義し、BOMの設定と工程定義、原価センター、配賦ルールに合意する必要があります**。合理的で納得できる構造と責任が合意されれば、出てきた数値から改善すべき責任の所在も明確になります。

｜グローバル管理における工程認識の統一と、標準時間の共有

　各国の製造拠点の実績原価を比較したいのであれば、原価計算の計算基準を統一しなければなりません。工程の認識と、仕掛品や完成品への原価の積算方法を統一します。

　また、各国の製造拠点の標準原価や実際原価、原価計算の計算根拠となる標準作業時間と実際作業時間、標準賃率と実際賃率、調達品の標準購入単価と実際購入単価を共有し、比較できるようにしておきます。

　工場間の標準原価と実際原価が比較できれば、代替の生産拠点を選ぶ際に最も低コストに製造できる生産拠点を選ぶことができます。また、各製造拠点に対し、原価差額がなくなるように改善させたり、原価低減を要求したりすることもできます。

　原価計算の基準が統一されていて、グローバルで原価管理ができている企業はあまり多くはありません。しかし、**原価管理のグローバルでの標準化と原価計算に関わる標準原価データの共有、実際原価データの共有ができれば、連結によって収益最大化に向けた活動ができる**ようになるのです。ハードルは相当高いですが、グローバルでの原価管理の構築は目指すべきでしょう。

5-4 生産管理機能(9)生産マネジメント： 実績による製造指図消込、原価積算

ERP（MRP）を使用した原価積算による原価計算

製造指図消込による原価積算

　実績が収集されたら、原価計算を行います。製造指図が消し込まれることに伴い、MRPを逆にたどり、原価を積算していくことができます。投入された原材料、仕損、直課できる経費をMRPの逆展開のロジックで積み上げ計算をします。

　製造指図に直接集約できる直接作業費がある場合、出来高数量に対する標準作業時間と標準賃率で計算して理論値で直接労務費を直課することもあります。もし、MESなどで実績作業時間が取得できるのであれば、実績作業時間と標準賃率で計算し、直課します。

　MESやERPに実際賃率を保持して原価計算を行うのはかなり難しく、原価差異分析の中で個別に行うことが普通です。材料費は入庫・請求時の単価が取得できれば、実際材料費として加算します。

直課できない間接費の配賦をMRPの原価積算で行う場合

　製造作業自体に直接加算（直課）できない間接労務費や間接経費は配賦を行い、かかった経費分を原価センターに集約します。原価センターは職場であったり、部門であったりしますが、要は原価をプールしておく"箱"のようなもので、組織単位での原価の集計テーブルです。

　製造現場では、複数にわたる職場を少ない人員で管理したり、他の職場や工場からの応援があったりして、指図に単純に作業時間ベースで直課できない状態になっています。したがって、一度原価をプールし、適切な配賦基準で配賦することになるのです。**指図単位に配賦が可能であれば、原価センターの原価を指図単位に配賦します。この場合はERP（MRP）で積算ができます。**

直課できない間接費の配賦を品目別・科目別に行う場合

指図単位に配賦するには、間接労務費や間接経費を適切に配賦するためのロジックに合理性、納得性があり、かつ配賦基準となるデータが正しくとれなければなりません。そうしたことが困難な場合は、原価センターに集計された原価を、品目単位や科目単位で集計し、会計処理として配賦することになります。

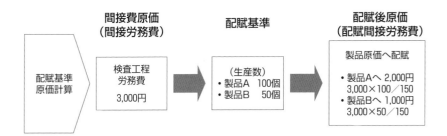

◆間接費の配賦の計算例

たいていの場合は、表計算ソフトを使って外部で計算した最後の金額データを品目別に集計し直して仕掛在庫に計上したり、製品在庫に計上して製造原価に振り替えたりします。 この作業は品目別の在庫データに加算していくため、表計算ソフトに頼らざるを得ません。

ERP（MRP）の原価積算の仕組みが、製造指図と並行して品目別の積み上げ計算となっていれば品目別に集計し、最後に在庫評価として品目別に原価が集計されるようになります。品目別原価積算ができます。

しかし、そうした詳細な設定と構築がされていない場合、ERP（MRP）で原価積算はできませんから、表計算ソフトで品目別に原価を積み上げます。最後は仕訳に直して、仕訳データとしてERP（MRP）に入力することになります。

原価の差異分析などは、ERP（MRP）で行うこともできますが、詳細な分析を行うにはBIのほうが優れています。 ただし、原価差額の詳細な原因分析となると、分析可能な元データが蓄積されているかどうかがカギ

なので、MESの実績からBIへのデータ連携も必要になります。

原価管理のプロセスは下図のようになります。

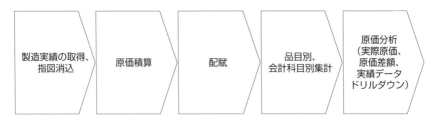

◆原価管理のプロセス

配賦基準のさまざまな種類と配賦基準の精度

主な配賦基準は生産数量やフロアの面積、人数などです。

製造設備の償却費の配賦は生産数量で行います。たとえば、設備Zの償却費が100万円だったとします。製品Aが30台、製品Bが70台生産されたとすると、生産数量を配賦基準にして行われる償却費の配賦は、

製品Aへの償却費配賦：100万円×30台÷（30＋70台）＝30万円

製品Bへの償却費配賦：100万円×70台÷（30＋70台）＝70万円

となります。

配賦基準は、間接費が直課できないから配賦計算に使われるという方便のような基準です。絶対的に正確だとは言い切れないため、配賦基準の精度が問題になることもあります。しかし、それなりの精度を検証して設定しなければなりません。

5-5 損益分岐点分析とコストダウン

変動費と固定費の削減で利益に貢献する

損益分岐点と損益分岐点分析

損益分岐点とは、ちょうど利益にも損失にもならない売上高をいいます。**損益分岐点分析**は、会計手法の中でいえば、管理会計における分析方法です。**管理会計**は、報告用の**財務会計**とは違い、会社内の管理を行うために行われる会計手法です。直接原価計算や見込原価計算は管理会計の例ですが、損益分岐点分析もその1つです。

損益分岐点は、**利益を出すための価格設定や販売数量を分析すること**に使えます。また、損益分岐点を構成する費用を変動費と固定費に分けて、それぞれの影響度を分析することで重点的に改善を促すこともできます。損益分岐点の算出は、「固定費÷（1－変動費率）」で計算されます。**変動費率**とは、売上げに対する変動費の割合です。

たとえば、本社費や製造間接費などの固定費が2,000万円で、製品1台当たりの変動費原価が1,500万円、製品単価が2,500万円の会社があるとします。この会社の損益分岐点は、2,000万円÷（1－1,500万円/2,500万円）＝5,000万円となります。したがって、この会社では5,000万円の売上げで損益トントン、製品数で2台売れば良いことになります。

現実はこんなに単純ではありませんし、固定費と変動費の分類も、原価管理上どちらに分類すべきか判断が難しいところです。

損益分岐点分析とコストダウン

生産管理において、損益分岐点分析が有効なのは、コストダウンを行う際の視点を提供してくれることです。上記の例で、仮に製品単価が2,000万円しか付けられないとします。そうすると、損益分岐点は2,000万円÷（1－1,500万円÷2,000万円）＝8,000万円となり、4台以上販売しなけ

れば赤字になることがわかります。この場合、営業側は販売台数を増やす対策を実施する必要がありますが、作ればモノが売れる時代でもなくなっているので、現実はなかなか難しいものです。

そこで、コストダウンによって損益分岐点を下げる方法がとられます。損益分岐点の計算式で見ると、売上げから変動費を引いた利益（**限界利益**［**粗利**］といいます）が、固定費を上回れば収支上利益が出ることがわかります。したがって、**コストダウンの打ち手としては、固定費を下げて、限界利益が低くても利益が出るようにするか、変動費を下げて限界利益を上げるかといった方法が考えられます。**

具体的にいうと、アウトソーシングやパートタイム採用による設備費や間接労務費といった固定費の低減、安価な材料への変更など、材料費低減などの変動費低減があります。

好況期であれば、変動費低減は量産効果も働いて効果が大きい打ち手です。一方で、不況期などで販売量も生産量も伸びないときは、高い固定費は重荷になります。固定費は売上げ・生産に関係なく発生する費用なので、**固定費の低減は、好況・不況にかかわらず低コストの生産体制を保持する意味で優先的に取り組むべきコストダウンでしょう。**

なお、損益分岐点分析は、固定費と変動費に分けた集計が必要です。

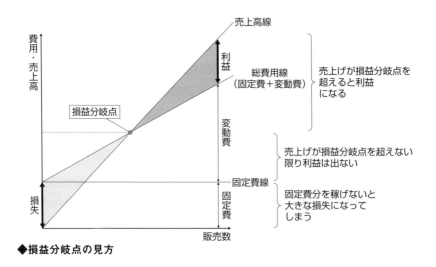

◆損益分岐点の見方

186

そうした定義は原価計算システムもしくは会計データを取得した後の
BIシステムで集計し、可視化することになります。

固定費の定義と変動費の定義が重要になる

損益分岐点分析は昔からある分析手法ですが、実際はなかなかうまく
使えていません。その原因の1つは費用を固定費と変動費に分けること
の難しさにあります。

教科書的な説明では、売上げの増減に連動して動く費用を変動費、売
上げの増減に関係なく一定の額が継続する費用が固定費だといわれます。
たとえば、設備の償却費や固定資産税などは固定費、輸送費や水道光熱
費は変動費です。

一方、直接労務費はどうでしょう。教科書的にいえば変動費ですが、
日本のように簡単に解雇できない場合は固定的な費用となるため、固定
費のほうが良いかもしれません。また、先の水道光熱費も基本料金は固
定費、使用量に比例して従量課金される使用料は変動費でしょう。

また、**基幹システムでは、この勘定科目は固定費、この勘定科目は変動
費といった識別はできないので、BIで識別する**ことになります。その上、
勘定科目の中でも、取引ごとに固定費だったり、変動費だったりするこ
とがあり、そうした識別は難しいのです。

このように実態に合わせて固定費と変動費を分けるのはなかなか面倒
です。結局、簡易的に費目単位で固定費、変動費と定義して使うのが一
般的です。そのため、費目の定義によって損益分岐点が変わってしまう
ので、なかなか詳細の分析に使うのは難しいものがあります。

工場の改善では、変動費のコストダウンより固定費のコストダウンの
ほうが長期的な効果が出るので、**固定費を生み出す活動を改善するため
の判断に使う程度**で、損益分岐点分析はなかなか実務で使われないとい
った状態です。しかし、損益分岐点分析は、売上げと関連付けてコスト
を分析する手法なので、工場内の作業改善にしか目が向かない人にとっ
ては、視野を広げ、売上げに直結する改善を考えるきっかけになるので、
活用したいものです。

187

5-6 利益管理と相違する キャッシュフロー管理

資金繰りの把握のためにキャッシュフロー管理が必要

会計上の利益とは何か？

　原価管理は、原価計算によって原価を集計します。工場は、計算された製造原価をもとに、営業への製品引き渡し（あるいは販売）により、その引き渡し価格と製造原価の差から工場利益を算出します。

　生産管理で原価管理を行うことで利益を出していれば安泰かというと、実はそうでもないのです。利益だけが良くても、黒字倒産ということもあり得るからです。

　既に見たように全部原価計算では、翌期に引き継がれる在庫は当期の原価に算入されずに利益が計算されていました。利益が出てはいますが、現金は既に流出しています。現金の動きで見ると違った様相が見えてきます。

　当期に調達し、既に支払いを終えた原材料や部品が、期末在庫として翌期に引き継がれたり、製品になって翌期に引き継がれたりすると、現金は流出しているのに利益は出ていることになります。労務費や材料費、経費も当期に支払われているのに、仕掛や製品に計上して翌期に引き継がれる分は翌期の資産として引き継がれます。

　会計上利益が出ている一方で、現金が当期に流出しているのです。そのため、利益と資金繰りのギャップが生じます。下手をすると利益は出ているが現金が枯渇している、黒字倒産という事態も発生しかねないのです。

　利益は会計期間の損益を計算した結果であって、資金の流れとは異なるため、資金繰りも併せて把握しないといけないという意識が強まりました。そのため誕生したのが**キャッシュフロー会計**です。

キャッシュフロー会計で黒字倒産にならないように

キャッシュフロー会計は現金の流れを把握する管理方法です。**キャッシュフロー計算書**によって、会計上の利益と現金の増減の差異を補正します。

たとえば、売掛金や在庫の増加はキャッシュが入ってきていないため、キャッシュフロー上は減少となります。全部原価計算では在庫が増えるほど利益が増えましたが、キャッシュフロー計算書では悪化するということなのです。

利益がいくら増えても現金が枯渇すれば、会社は資金繰りに行き詰まって倒産します。**会計上は黒字なのに、現金が枯渇することがあるのです。**借入や増資で資金を捻出することが難しい場合、会社は危機に瀬します。

このように現金の動きを把握し、資金繰りに活かすためにキャッシュフロー計算書が重要になっています。もちろん、工場は在庫低減やコス

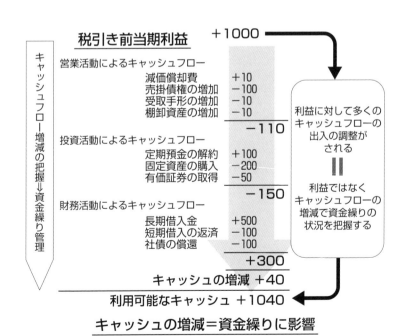

◆キャッシュフロー計算書の作成の流れ

トダウンの推進が利益向上だけではなく、キャッシュフローの改善にもなることを知っています。

しかし、そうした個別費目単位の低減活動だけでなく、きちんと会計数値で全体観を持って改善活動を推進しなければなりません。改善、改善と騒ぐ"改善中毒"の工場では、原価低減やキャッシュフローにあまり貢献しない改善活動を、気合いで行っている可能性があるからです。

生産管理に携わる者は、財務報告用の会計（財務会計）と内部管理用の会計（管理会計）だけでなく、キャッシュフロー会計のすべてに精通する必要があるのです。

▎利益という期間損益の認識とキャッシュフローのズレを意識する

生産管理に関わる人も会計には精通しなければなりません。ただし、会計だけに精通していても判断を誤ります。わかりやすいものでいうと、先に書いた黒字倒産のようなキャッシュの枯渇は経営上大問題です。

また、会計の**期間損益**という考え方がキャッシュフローへの軽視を促進している点もあるので、注意が必要です。会計の世界では、年度で区切って利益を確定させます。同時に、資産として残った在庫の評価を行い、既に支払った労務費や材料費、経費の費目が在庫に加算されて翌期に引き継がれます。

このとき、大量の在庫を生産して余らせるほど、既に支払った経費が在庫に加算されて翌年度に繰り越されてしまい、当期の原価に算入される費用が減るという現象が起きます。つまり、既に支払っているのに費用にならないので、悪意を持って当期の利益をかさ上げすることも可能になるということです。

しかし実際はキャッシュが流出して在庫が増えているため、資金繰りは悪化し、リスクが高まっているのに好業績だと判断を誤らせる可能性があるのです。

このように、**期間損益を報告するための利益計算とキャッシュフローにはズレが生じるので、こうした構造を理解して資金繰りだけでなく、業績の変動を監視する**能力を生産管理者も持たねばなりません。

特殊な原価管理：活動基準原価計算、スループット会計

改善や意思決定のための会計手法

従来型の配賦基準が判断を誤らせることも

　製造業では、かつて直接費が主要な原価構成費目でした。しかし、製造業の形態も様変わりし、間接部門の存在が大きくなり、費用の構成も間接費比率が大きくなりました。結果、間接費の配賦が正確でないと、原価の把握が正確にできなくなってきたのです。

　間接費は配賦によって原価算入されます。**配賦基準としては生産量や人数、敷地面積などさまざまな「方便」的な基準が採用されています。**こうした配賦ルールが、時に判断を誤らせる事態になったのです。

　ある工場では、人数を基準にして各職場に間接費が配賦されているとします。工場間接部門の労務費が各工場の作業区の人数割合で割り振られる場合で考えると、仮に第1工場が50人、第2工場が30人だとすると、第1工場：第2工場で5：3の割合で間接労務費が配賦され、各工場の生産品目に配賦されていきます。

　配賦基準はあまり多様にすると管理できないので、このようにある程度単純な方法が採用されています。しかし、こうした単純な配賦基準が現実に合致していないことが多く見受けられます。

　先の例では、仮に間接労務費が80円だとすると、第1工場に50円、第2工場には30円が配賦されます。しかし、実際に生産管理部などの間接部門の仕事量が、第1工場：第2工場で1：3だったのです。そうであるならば、第1工場に20円、第2工場に60円が配賦されるべきだということになります。

　このように配賦ルールを単純化して管理を簡素化することは一般的なのですが、**配賦ルールと現実が乖離していると判断を誤る恐れがある**わけです。また、生産量で間接費を配賦している場合、生産量の多い製品に

配賦される費用割合が多くなり、生産量が少ない製品の配賦割合が少なくなります。非効率な少量生産分の原価を大量生産品が吸収してしまい、少量生産分が実際は高コストな製品であっても改善余地を見逃してしまう可能性があるわけです。

こうした弊害を避け、正確な間接費の配賦を行うために考案されたのが**活動基準原価計算**（**ABC**：Activity Based Costing）です。

活動基準原価計算とは？

活動基準原価計算は、配賦基準をより現実に合わせて細かく設定していこうという考え方です。まず、製造間接費を「**コストプール**」という原価の集計科目に集め、より正確に原価を配賦できる「**コストドライバー**」と呼ばれる配賦基準によって配賦を行う手法です。

簡易な配賦基準である人数や生産量などの「方便」ではなく、原価を正確に配賦できるコストドライバーを分析し、設定することを実現することで正確な原価計算を行い、より利益率の高い製品の選択や優先的に

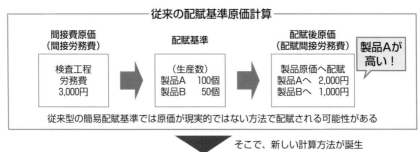

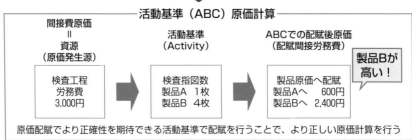

◆配賦基準原価計算から活動基準（ABC）原価計算へ

コストダウンを行う対象を見つけることができます。前述の間接人件費の例では、各工場の所属人数ではなく、間接部門の工場支援実際時間がコストドライバーなのです。

活動基準原価計算から活動基準原価管理へ

活動基準原価計算によって、活動（コストドライバー）の分析結果から、原価を発生させるプロセスを明らかにし、改善することが行われるようになりました。活動基準原価計算から**活動基準原価管理（ABM：**Activity Based Management）へと進化することでビジネス・プロセス・リエンジニアリングに役立っています。

スループット会計は固定費を最大化して操業度の影響を排除

直接原価計算の変動費・固定費の分離の考え方をさらに推し進めたものに、**スループット会計**があります。直接材料費以外のすべての費目を固定費と考え、「売上げー外部購入材料費（原材料費や部品費を含む）」をスループットと定義する考え方です。

直接材料費のみを変動費と扱うため、他の費用はすべて固定費と考え、利益計算において、操業度や過去の意思決定による継続的な費用支払いの影響を排除するのです。この場合、労務費も経費もすべて固定費扱いになります。**他の原価計算に比べて、固定費が最大化され、この固定費分を稼ぎ出した上で、利益を最大化することが目指されます。**

スループット会計は、労務費や経費を固定費として当期のコストに組み込むので、キャッシュフロー会計に考えが近く、現金流出を勘案した考え方になっています。

時間当たりスループット計算はボトルネック利用を最大化する

同じスループットという言葉を使って、より製造業にとって現実的な管理方法として**時間当たりのスループット計算**という考え方があります。これは**TOC**（Theory of Constraint：**制約条件の理論**）という考え方で唱えられた会計方法です。

TOCでは、工場でボトルネック工程以外がどんなに高稼働であって
も、最終的にはボトルネック工程で作ることができる数量が全体の生産
数＝スループットの上限となるため、ボトルネック工程の稼働を最大減
使い切った上で、最もスループットが高くなる製品を作ることを推奨す
るのです。

　ボトルネック工程が生産性を規定するのは、生産管理者としてはわか

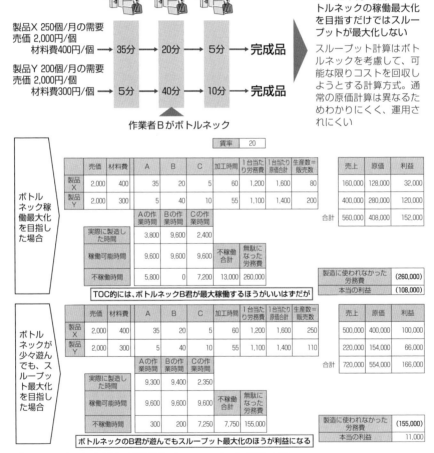

前提　：　稼働時間　9,600分/月（8時間×20日）
　　　　　標準賃金　20円/分（時給1,200円、1,200/60分＝1分当たり20円）

製品X 250個/月の需要
売価 2,000円/個
　材料費400円/個 → 35分 → 20分 → 5分 → 完成品

製品Y 200個/月の需要
売価 2,000円/個
　材料費300円/個 → 5分 → 40分 → 10分 → 完成品

作業者Bがボトルネック

TOCを単純に理解し、ボトルネックの稼働最大化を目指すだけではスループットが最大化しない

スループット計算はボトルネックを考慮して、可能な限りコストを回収しようとする計算方式。通常の原価計算は異なるためわかりにくく、運用されにくい

◆スループット会計と時間当たりスループット計算の違い

194

りやすい話です。納期遵守を徹底させるためには、ボトルネックを意識した小日程計画の立案が必須ですし、労務費・経費は予算で確定されていて実際には固定費的に扱われるため、原価計算上変動費といわれても実質的には固定費と認識されているからです。

スループット会計は、全部原価計算を下敷きにあらゆる費目を期間費用で分類する財務会計や伝統的な原価計算とはかけ離れた考え方です。そのため、理解され、認知されるのはすぐには難しいかもしれません。

┃その他の特殊な管理：資本効率を意識した資本コストとEVA

ABCやスループット会計のように生産管理として押さえておくことで管理や改善の参考になる会計手法とはやや相違しますが、利益だけでなく、資本の調達コストを考慮した財務的視点の分析方法があります。それが、**EVA**※（Economic Value Added：経済付加価値）です。

欧米で株主の力が強まり、投下資本に対するリターン重視の風潮になった際、資金を最大限有効に活用して利益を最大化して配当を出すことで株価を上げていく考えが広まりました。そのため、調達した資金（資本）対リターンを計る考え方として「**資本コスト**」という考え方が導入されたのです。

資本コストとは、出資された株の資金と借入資金調達から生じるコストのことです。詳述は複雑になるので避けますが、配当と支払利息の加重平均想定利回りです。従来の会計は利益や資産規模、キャッシュフローをベースに企業を比較していましたが、資本コストによって投資対リターンという新たな視点がもたらされました。資本コストを大きく上回って配当を生み出せる企業が求められたのです。

EVAは、利益から資本コストを引いたもので、「**税引き後経常利益－（投下資本×資本コスト）**」で計算されます。単に利益を稼げば良いのではなく、在庫や設備などの投下資本が過剰な場合にEVAが評価するので、在庫圧縮や設備の有効稼働を促し、効率化を要求されることになります。

工場は在庫と設備の塊です。EVAで評価されるようになると在庫圧縮、設備有効稼働、コストダウンが強く要求されるようになります。

※EVAはStern Stewart & Co.の登録商標名です。

生産管理の未来⑤
生産戦略にファイナンス視点を持つ

戦略的な投資判断とファイナンス視点の欠落、短期視野が弱体化を促進

■ コストダウンで縮小していく日本の製造業

　基幹システム構築を支援した製造業での話です。素材を作る装置産業C社では、設備投資の負担が大きいため、徐々に生産のアウトソーシングを進めていました。技術革新の速い業界であるにもかかわらず、最新設備投資に対する承認が経営陣から下りず、どんどんアウトソーシングされていきました。

　アウトソーシング先は海外で、安価なコストで生産してくれます。コストが安いため、どんどん仕事を出していき、C社では自社生産が縮小していきました。生産数が少ないため、自社の設備投資の固定費を回収することができなくなり、製品別原価で見ると、ますますコスト高となって投資がされなくなっていきました。つまり、縮小再生産です。

　C社の業界は装置産業のため、新製品立ち上げ時には生産技術部門の製造設計技術がものをいう業界でした。新製品立ち上げのたびにアウトソーシング先を指導し、ノウハウと人材が流出していきました。

■ 短期視野、固定費回収の視点欠落が戦略投資判断を誤らせる

　アウトソーシングにより短期的には利益の出る体質になりました。製造コストが変動費化したため、製品別原価を見ると、アウトソーシングした製品の利益が高く見え、自社製造がどんどん敬遠されました。

　結果、経営者の指示で自社製造はさらに減らされ、工場の設備投資の固定費回収ができなくなりました。工場は次々売却され、生産技術人材は流出し、今度は設計部門が重荷だとされ、とうとうC社は製造業としての体をなさなくなり、会社そのものが解体・売却されてしまいました。

　短期的な利益だけに注目し、製品別原価の低い生産を追求してしまうと、固定費回収ができなくなり、生産継続ができなくなります。**目先の利益だけを追うと、投資回収をにらんだ生産・投資戦略と投資回収を考えるファイナンス視点が欠落します**。企業の永続性を担保するためにも、長期的な視野で投資回収する考えを持つことが重要です。

第 **6** 章

KPI管理と
可視化システム

製造実績管理と管理指標（KPI）管理

データのままの製造実績を管理指標（KPI）化して、可視化・共有する

製造実績をデータベース化し、可視化する

通常、製造実績の生データは紙や現場のパソコン、担当者の表計算ソフトに紛れ込んでいることが多くあります。生データを集計したり、加工したりした集計・加工データも担当者の表計算ソフトに紛れ込んで保存・個人管理されているため、どのデータが正しいデータかがわからなくなっていることもよく起きます。会議で、データが正しいのかどうか、どのデータを使っているのかでもめることも日常茶飯事です。

こうしたことを防ぐために、**データの保存をシステム化し、一元的に統合管理することで、全員が同じデータを見たり、使ったりしている状態を作り出さないとなりません**。そうでないと、ちょっとした疑問が生じたときに、状況把握に時間がかかったり、誤った判断をしたりするリスクがあります。

そもそもIoTなどといって騒いだところで、現場のデータを紙に写して表計算ソフトに転記し、人が加工しながらデータを作っていては、迅速な対応も、正確な対応もできません。その状況では、ビッグデータ分析やAIによる自動判断など遠い未来の話です。人が介在することが前提では、データ加工する人のスキルに依存します。その上、データ捏造さえ可能な状況では、安全なデータ管理ができるはずがありません。

製造実績はシステムに自動的に収集できるようにし、データベース化して製造・工程管理上の現場改善や生産マネジメント上の検証や計画の見直しに使えるようにします。**工場内の製造実績を即時収集するためには、工場内のITインフラ構築とシステム統合が不可欠です**。データをデータベースに貯めて一元化管理し可視化することで、誰もが同じデータで語れるようにしないといけません。

製造実績はMESを起点に収集し、直接BIかERP経由でBIに連携

　製造実績はMESに蓄積されます。良品率や仕損率などはMESから直接BIに連携します。

　品目単位のデータを製品グループ単位や組織単位でまとめるのはBIの役目です。この場合、BIにデータ集約のための製品グループ構成のマスタ、組織構造のマスタを持たせなければなりません。

　MESのデータは数量などのデータであるため、金額データを併せて見ない場合はERPを経由してBIに連携します。

設備稼働状況は設備⇒PLC⇒SCADA⇒BI連携

　設備稼働のデータは設備から収集し、PLCを経て、SCADAに集約した上でBIに連携します。

　工場ネットワークのインフラが引かれていて、「設備⇒PLC⇒SCADA⇒BI」とつながっていなければデータ連携の間に人の手が介在

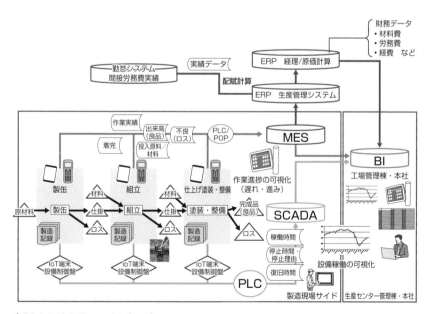

◆製造実績を管理指標（KPI）化して、可視化・共有するシステム構成

することになり、これではIoTベースの管理などできません。工場のネットワークインフラが整備され、設備がPLC、SCADAを経由してBIなどの上位システムとつながっていなければなりません。

財務データや受発注関連データはERPとBIを連携

　財務データと取引データはERPが保持しています。売上げ、在庫、原価、粗利などの財務データや受注残、発注残などの取引データをBIで可視化したい場合、ERPからBIに連携して可視化、分析します。ERPは取引データが集積されているだけで、可視化にはあまり向かないからです。

　BIは、分析したいデータの種類に応じて、MES、SCADA、ERPなどからデータを連携します。**MES、SCADA、ERPからデータを連携する際は、データの変換が必要です。**

　MESやSCADAからはデータを変換してシステム間のインタフェースが必要であることが一般的です。BIとERPの連携は、製品によってシステム間のインタフェースが標準化されている場合があり、その場合にはスムーズなデータ連携ができます。

6-2 アンドンでの可視化、制御盤、PLCでの可視化

製造業では「目で見る管理」が改善のスタート

アンドンなどで工程の状況を可視化する仕組み

　日本の製造業は以前から工程の状況を可視化してきました。**アンドン**と呼ばれる設備稼働状況を知らせる機器を取り付け、チョコ停や故障をいち早く知らせる仕組みを設置しました。ライトが光ったり、音を出したりして、設備が止まっていることを知らせ、復旧を促す仕組みです。

　こうした警告灯のような仕組みだけでなく、生産数量、計画に対する作業の進み具合、良品数と不良品数などを掲示する**デジタル・アンドン**のようなモニターも設定されてきています。

　設備状況や工程進捗などを製造現場で可視化する仕組みはそれなりに

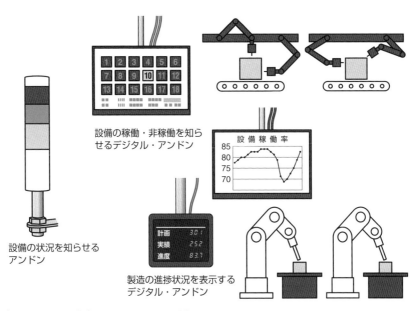

設備の稼働・非稼働を知らせるデジタル・アンドン

設備の状況を知らせるアンドン

製造の進捗状況を表示するデジタル・アンドン

◆アンドンとデジタル・アンドンの例

導入されて、工程の稼働や効率を最大化するために活かされているのです。

制御盤、PLCでの見える化とその先にある事務所への可視化

製造現場の見える化も、状況を知らせるアンドンやデジタル・アンドンだけでなく、もっと高度な情報提供ができるようになっています。設備制御盤に稼働状況、出来高、温度、圧力、回転トルクなどの製造記録のもととなる製造条件がデータとして収集、開示されています。

各設備の制御盤のデータは工場のネットワーク回線があれば、PLCへ連携されます。PLCにディスプレイがあれば、稼働状況、出来高などの製造条件を表示することも可能です。設備の制御盤やPLCで製造状況の可視化が可能なのです。

しかし、それだけでは単に製造現場での閉じた情報伝達、情報共有になってしまいます。何らかの問題が起きた際に、製造現場だけでは対応が不可能なケースもあります。そうした場合、生産技術部門の技術者などを呼びたいところですが、事務所が離れたところにあり、伝達や状況説明に時間がかかり、解決までに時間がかかる結果となってしまいます。

そのため、**設備制御盤からPLCを経由して事務所のパソコンに設備での稼働状況の信号や製造条件のデータやアラートを可視化したい**ところです。

製造現場中心に作られてきた「目で見る管理」ですが、製造現場だけでなく、工場内の事務所にも現場の状況が情報伝達されることが必要です。実際、プロセス型の工場では、プラント設備の稼働状況が事務所でモニタリングされています。エンジニアリング会社や計装メーカーと組んでこうした可視化の仕組みを作っているのです。

工場ITインフラの構築が必須

プロセス系のプラント設備のような巨大なシステムと違い、加工や組立を担う製造現場では、社内人材や計装メーカー、設備メーカーと組んで可視化の仕組みを個別に入れていることがよくあります。巨大工場で

はないといっても、工場内の事務所や工場建屋から離れた事務棟の事務所に情報を伝えるとなると、ネットワーク回線が必要になります。

工場内はさまざまな回線が引かれていますが、事務所とつながっていないケースもあります。また、整理されずに引かれた勝手な回線があったりするので、何と何をつなげば、データがきちんと流れるかわかっていない場合があります。

そうした場合は、工場内のITインフラの再構築が必要になります。通常、工場のITインフラの導入・管理は生産技術部などが一部分だけを行っていて、個人的な判断を許して工場内にサーバーを入れたり、計装メーカーや設備メーカーの勧めで個別にサーバーを入れたりしていて、統合されていないケースもよくあります。

これでは、設備の制御盤の情報も島宇宙のように存在するだけです。データはつないで集めてこそ、指示や実績対比や統制、分析ができて、マネジメントに寄与するのです。

私のクライアントの工場でも、生産技術とIT部門が組んでITインフラの整理と再構築を始めています。「目で見る管理」の発祥が現場だからといって、情報の可視化を現場にとどめていてはもったいないのです。工場全体を視野に入れた、製造現場のITインフラを再構築すべきです。

工場ITインフラのフレームワークの必要性

工場ITインフラのフレームワークに関しては、階層化して考えることが必要です。

通常、工場の設備に依存したデータなどは、限られた利用を前提にシステム構築がされていて、非常に閉鎖的なネットワークと機器の組み合わせになっています。既存の工場内の回線もおおむね、各工程内や装置内の設備データを収集・管理するための閉鎖的なネットワークです。したがって、異なる工程間や装置間をまたぐデータ連携やネットワークは想定されていません。

閉鎖的な範囲に限定されて構築されているため、工場フロアのITインフラは、ネットワークインフラや管理体制が整っていないのです。ネ

ットワークの設計、セキュリティが脆弱で運用・管理も不十分、サーバーの設置もリスクがあり、バックアップも不十分だったりします。多くの製造現場はこのような状況下であったため、IoTセンサーなどの新しい機器との接続、莫大なデータのコントロール、上位アプリケーションとの連携などは考慮されてこなかったのです。

現代では、工場のITインフラを構築するフレームワークを持たなければなりません。**フレームワークがないと、場当たり的で、設備や工程個別での構築になり、系（システム）としてデータが使えなくなるからです。**

工場ITインフラのフレームワーク

工場ITインフラのフレームワークとして考えられるのは、それぞれのレイヤーでの役割定義と連携です。

まず、最下層のレイヤーには、センサーやアクチュエーターがある**コンポーネントレイヤー**が存在します。各種データを収集したり、設備制御のデータを送って機器を制御したりします。データはさらに上位に連

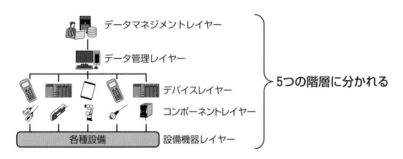

階層名	対応するシステム
データマネジメントレイヤー （工場管理レイヤーに属す）	MES、BIなどの工場管理用アプリケーション
データ管理レイヤー	SCADA
デバイスレイヤー	設備制御盤、制御ディスプレイ、 HTやタッチパネル、PLCなど
コンポーネントレイヤー	IoTセンサー、アクチュエーターなど
設備機器レイヤー	製造機器やコンベアなどの機械設備群

◆**工場ITインフラの階層と対応システム**

携します。

　コンポーネントレイヤーの上には**デバイスレイヤー**があります。デバイスレイヤーは設備制御盤や制御ディスプレイ、HTやタッチパネル、PLCなどのデバイスの層があります。

　コンポーネントレイヤー、デバイスレイヤーの上に**データ管理レイヤー**があります。データ管理レイヤーは、下位のレイヤーから集められたデータを蓄積する層で、ここでSCADAなどの制御とデータ蓄積の情報管理を行う機能が働いています。

　工場ITインフラとしては、**データマネジメントレイヤー**がさらに上位のMESやBIなどの工場管理レイヤーのアプリケーションに連携され、作業統制や実績収集、可視化の業務機能へ貢献することになります。

　こうした工場ITインフラのフレームワークは各計装メーカー、エンジニアリング企業、FA企業が提供しています。各社の特徴がありますから、ここで書いたフレームワークとの相違がある場合もあります。したがって、ここでのフレームワークは、あくまで概要として捉えてください。

コンポーネント／デバイスレイヤーと データ管理レイヤーを標準化する

工場ITインフラとしてのフィールドネットワーク構成の標準化

コンポーネント／デバイスレイヤーを構成する機器とPLCの標準化

コンポーネントレイヤーは設備装置の制御盤やパネルと連動したデータネットワークです。**設備装置とPLCが連結され、統一のプロトコル（通信ルール）で接続されたネットワークを形成することを目指します。**

この階層は、設備装置とPLC、コンピュータをつなげることが重要です。そのため、各メーカーが独自のネットワークを開発していくとネットワーク接続が困難になるため、共通化に向けた統一モデル（**OSI**［Open Systems Interconnection］**参照モデル**）が作成されました。

しかし、実態としては現在でも各社各様に競争をしており、さまざまなプロトコルとフィールドネットワーク製品が提供されています。また、会社だけでなく、国により仕様が異なるため、設備装置の信号が簡単にとれない事態になっています。私のクライアント企業でも、設備装置が、たとえば、イタリア製などと限定されていて、ネットワークに接続できないケースも散見されます。

設備装置については、専用マシンなどの制約があって、導入に選択肢がない場合もありますが、センサーなどの導入・設置ではできるだけ統一的な製品群で構成をまとめていくべきです。また、フィールドネットワーク製品は統一して導入し、各社の製品が混在するといった事態はできるだけ避けましょう。

ドイツのインダストリー4.0はITインフラの標準化を目指しています。こうしたフィールドネットワークのモデルを使い、プロトコルを統一して、上位層であるデータ管理層への接続を容易にしていこうという試みです。

階層	階層名	主な役割
第7層	アプリケーション層	アプリケーションの種類の規定
第6層	プレゼンテーション層	データフォーマットの交換
第5層	セッション層	・コネクションの確立や切断 ・トランスポート層以下の管理
第4層	トランスポート層	ノード間のデータ転送の管理
第3層	ネットワーク層	データ転送を行う機器間の アドレスの管理や経路の選択
第2層	データリンク層	直接接続された機器間のデータ フレームの識別と転送
第1層	物理層	物理的な接続方法の規定

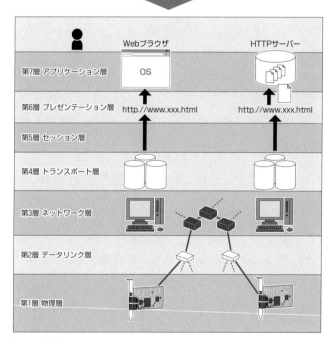

◆OSIモデルの階層

コンポーネント／デバイスレイヤーでのデータフロー

　IoTセンサーや設備装置、タッチパネルのようなデバイスからのデータは、PLCに連携されます。場所ごとにあるPLC（**スレーブ**と呼ばれる）とマザーとなるPLC（**マスタ**と呼ばれる）がある場合は、マスタとスレ

ーブ間でデータ通信が行われます。

　設備装置の制御データがマスタからスレーブを経由してコンポーネント／デバイス側に送られ、設備装置やタッチパネルなどのコンポーネント／デバイス側で発生したデータは、スレーブを経由してマスタ側にデータ通信されます。

■ PLCからのデータ連携とSCADAでの可視化、MES、BI連携

　コンポーネント／デバイス側のデータ接続はPLCを介してデータ管理レイヤーであるSCADAと接続されます。PLCでも設備装置の監視、制御ができますが、**SCADAはより大規模に各ネットワークを下位にぶら下げて集中管理を行うための仕組みです。**

　SCADAは、設備装置から得られるデータを、ネットワークを通して1カ所に集めて監視するとともに、必要に応じて制御を行います。SCADAを使うことで、工場のフロア内に点在するあらゆる機器の状態をひと目で確認し、コントロールできます。

■ SCADAでの可視化、分析、制御と中央監視型制御

　SCADAやPLCは決められた制御を行うためのデータを生成・送信し、設備装置や各種デバイスの状態データを集め、可視化します。しかし、**SCADAやPLCが制御データのもととなる製造指示データを作り出すわけではありません**。また、収集されたデータがそのまま製造実績・記録のデータや分析データになるわけでもありません。個々のアクションが大量にあるだけでは、単なるデータの羅列になってしまい、そのままでは使えないからです。

　SCADAに蓄積されたデータを使えば設備装置の作動状況、投入数量、出来高数量、不良数、進捗状況などを可視化できます。SCADAは工場内の製造管理部門や事務所などに置くことができ、管理者はその情報をパソコンやタブレットなどで確認することができます。担当者が必要に応じてSCADA側から制御をかけて設備装置を止めたり、回転トルクや流量などの製造条件を変更したりできます。

　PLCがあれば、PLCごとの可視化・制御ができますから、可視化と制御という点だけを見ればPLCで十分であり、SCADAは不要となりかねません。しかし、**事務所などで一括で可視化し、工場全体を把握しながら適切な指示を出すといった中央監視型の仕組みを作るのであればSCADAを導入します。**

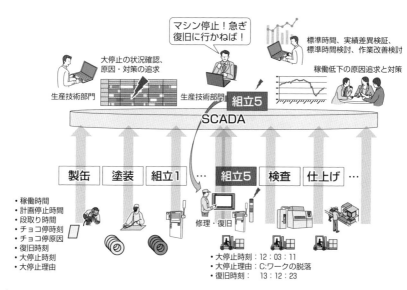

◆**SCADAによる稼働管理のイメージ**

MES/BI連携によるデータマネジメントレイヤーへの接続

　PLCやSCADAのデータは製造現場の可視化・コントロールには優れていますが、あくまで製造の実績だけを捉えるので、製造指示と実績の突合はできません。また、問題事象への対応はできますが、**計画や指示に対する進捗の確認や適切な判断は、より上位のレイヤーであるデータマネジメントレイヤーへの接続が必要です。**

　製造指示に対する実績の戻しはMESで行います。一方、指示はMESからSCADA経由でPLCまたはSCADAを介さず直接PLCに連携し、実績を収集します。MESでの製造指示は、製造指示ナンバーを持ってい

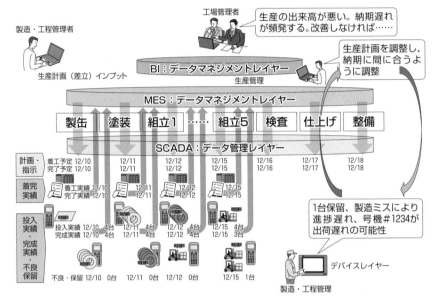

◆現場や状況を可視化するMESとSCADA

るので、製造指示ごとの処理と作業をひも付けて、「SCADA⇒PLC⇒デバイス／コンポーネント」に流し、製造実績とそのときの製造条件を逆に「デバイス／コンポーネント⇒PLC⇒SCADA⇒MES」と流すことで、トレーサビリティ用の製造条件を持った製造実績がひも付けて収集されます。

また、設備稼働実績や設備装置の停止時間、停止理由、復旧時間などは「デバイス／コンポーネント⇒SCADA/PLC」と持ち上げ、SCADA/PLCでの設備別の稼働率可視化、停止理由の確認などができます。ただし、より分析的に見る場合、BIにデータを連携します。

BIでは、設備装置ごとの状況だけでなく、より高度な分析が可能になります。製造品目別、製造品目グループ別、職場組織別、工場別などで稼働状況を分析したり、設備と品目／品目グループの組み合わせで停止回数や停止時間などを分析したりすることができます。

SCADA/PLCのデータはMES/BIに連携することで、単なる迅速なアクションではなく、より分析的な対応策がとりやすいようにデータ管理を高

210

度化することができるのです。SCADA/PLCでも可視化・制御という点では有効ですが、より製造・工程管理の対応レベルを上げるのであれば、MES/BIに連携できるように工場のITインフラを構築すべきです。

入力デバイスは使いやすいものにする

現場の状況を可視化するにあたって、データの源流になるのが製造現場です。製造現場の主要な役割は効率良く製造を行うことですから、実際はデータの入力などしたくないというのが本音になります。

設備やIoTセンサーにより自動でデータ収集ができれば手間はかかりませんが、実際にはシステム化したとしても人の手がかかります。たとえばHTを入れたとしても、データの読み込みが完全に自動化できるとは限りません。

HTを使うにしても、バーコードを読み取って手入力を避けるようにシステムを構築しなければなりません。構築できたとしても、バーコードラベルを貼り付ける工数が生じるかもしれません。工数の増減があるので、できるだけ現場の使いやすいユーザーインタフェースと付帯作業になるように設計します。

また、調達品目などはサプライヤーにラベルを貼って納入してもらうなど、作業の外部化も考えましょう。もちろん、サプライヤーの工数が増えるなら交渉も必要になります。

それでも、どうしても手入力が発生する場合があります。いちから数字や言葉を入力するのは無理があるので、選択式にするなどできるだけ現場負荷が増えないようにデバイスのユーザーインタフェースには気を使わなければなりません。

SCADAで可視化すべき指標

　SCADAで収集し、可視化する主なデータは、設備の稼働情報です。下表のようなデータを収集し、可視化します。

◆SCADAで可視化すべきデータ

設備の稼働情報
- 稼働時間
- チョコ停回数
- 停止時間と停止理由、理由ごとの故障回数
- 修理／復旧時間
- 設備稼働率
- ショット数（金型ごと）
- 回転トルク実績
- 温度変化など、その他定義した稼働情報

BIで可視化すべき製造・工程管理の指標

　BIでまず可視化すべきは、MESから収集するデータです。また、SCADAから収集できるデータでBI化したいデータもあります。製造・工程管理のデータとして、MESやSCADAからBIに引き渡して可視化したデータには次ページの「製造・工程管理の指標」などがあります。

BIで可視化すべき生産マネジメントの指標

　生産管理部や工場マネジメント層が可視化する指標データは次ページの「生産マネジメントの指標」に記載したようなデータです。製造・工程管理のデータよりも組織ごとや週ごと、月ごとなどのまとまった単位への集約・変換がされることが普通です。工場経営上の分析・判断に使

われるため、生産マネジメント上の指標として重要な管理指標（KPI）になっていることが多くあります。

◆BIで可視化すべきデータ

製造・工程管理の指標

[製造・工程情報（MESから）]
- 出来高数量（設備ごと、工程・組織ごと、製造指図ごと、品目ごと、品目グループごと）
- 仕損・不良数量、保留品数量（同上）
- 在庫（原材料、仕掛品、製品）
- 投入実績
- 製造指示ごとの作業時間
- 良品率
- 標準加工時間対実績加工時間
- ミス回数（投入ミス、作業ミスなど）
- 製造指図（製造指示）完了・未着手などの進捗ステータス
- 指示対完了実績対比
- 製造指示ごと（製造ロットナンバーごと）の製造条件
- 製造実績ごとのロットトレース追跡など、その他定義した製造・工程情報

[設備稼働情報（PLC/SCADAから）]
- 稼働率（設備別）
- 稼働時間
- 停止時間、停止理由
- チョコ停回数、チョコ停時間

生産マネジメントの指標

- 良品率（工場⇒組織別⇒工程別⇒設備別／全品目⇒品目グループ別⇒品目別）
- 良品稼働率（設備総合効率）
- 日別出来高
- 在庫数量／金額（原材料、仕掛品、製品）
- 計画対生産実績数量
- 人員数（工程ごと・シフトごと、日別、週別、月別）
- サプライヤー別納期遵守率（月別／発注別／品目別）
- 自工場計画納期／出荷指示遵守率
- 事故数（月別）
- クレーム数（月別）
- 工場出荷高（工場売上げ・利益・原価）など、その他定義した生産マネジメント上必要な情報

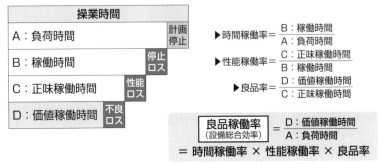

◆良品稼働率（設備総合効率）

BIはSCADA、MES、生産管理システム（ERP）と連携する

BIで可視化するためには、SCADAやMESからのデータ連携だけでなく、生産管理システム（ERP）とのデータ連携が必要です。稼働情報はSCADAに、製造・工程管理情報はMESにあり、調達に関わるデータ、金額情報や指図データ、原価に関わるデータは生産管理システム（ERP）側にあるためです。

また、どのシステムにもなく、表計算ソフトで管理されているデータもあります。たとえば、事故数やクレーム数などです。**表計算ソフトで管理されているデータは、表計算ソフトから適時データ連携を行うか、手入力が必要です。**

6-5 BIによる階層化したデータの可視化、DB、DWH、データマート、Viewer

データ可視化におけるBIの機能階層化

BIはデータモデルの設計が最重要

BIでの可視化を行うためには、指標の計算式の定義だけでなく、階層構造の定義が重要になります。指標の階層構造を上の階層から詳細分析（**ドリルダウン**）をしたり、下の階層から集約して下位指標の上位影響（**ドリルアップ**）を行ったりする際には、階層間を行き来する構造がきちんと定義されていないと不可能です。

下図を見てください。同じ製品グループAに属するA1製品を第1工場で作り、A2製品を第2工場で作るとします。さらに、A1製品は製造ライン1でも製造ライン2でも作れるとします。製品グループAの歩留まり

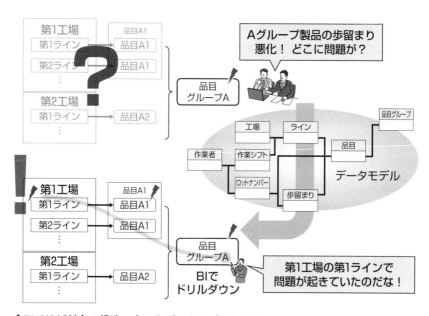

◆BIではビジネス構造に応じたデータモデル化が必須

215

の悪化があり、大きな仕損金額が出た場合、「製品グループA悪化⇒A1製品悪化」とたどり、A1製品を作る第1工場に問題があることがわかります。第1工場では、ライン1とライン2両方で製造可能ですが、ここで下位の構造が設定されていないと、不具合製造がどちらのラインで行われたのかがすぐにはわからず、問題点の発見に時間がかかってしまいます。

　階層構造を定義して実績を収集し、分析可能にしておかないと、単なる指標監視だけになり、BIの意義がなくなっていきます。

　階層構造は単純ではなく、製品軸、組織軸、工場軸、設備軸、担当者軸といった切り口があり、複雑な関連を持っていることもあります。こうした構造を読み解き、多次元で構築するデータモデル設計が最も重要なため、それを実現できるエキスパートが必要です。

　また、**下位階層では数量で上位集約できても、どこかで金額でしか集約できないポイントが現れます。**たとえば、工場全体の出来高を見る際、下位の製品は数量で見ることができても、計り方が違う製品同士は合算ができません。

　1個、2個と数えられる飴製品とグラムで数える粉モノ製品を合算して「何個できました。何グラムできました」というのは無意味です。金額に換算し、「飴製品は予算100万円に対し99万円、粉モノ製品は予算200万円に対して140万円の出来高で、合計300万円の工場予算に対し239万円、達成率約80％で大幅未達です。原因は購入原料の不良にあります」としなければなりません。つまり、途中で金額換算して合算する構造にしなければならないわけです。

　目標や予算との連携、金額を計算するための単価の連携、為替の連携など、BIは基幹システムと連携する必要もあります。

「さまざまな切り口」と呼ばれる分析は
DWH⇒データマートで作る

　データベース構造が定義できたとしても、実際に可視化したい"見え方"は時として不明確で、「ああ見たい、こう見たい」といった要求が

その都度出てきます。こうしたことをすべてデータベース（DB）本体で実現するのは困難です。

データベースから必要なデータを引き抜いて、使いやすいデータのまとまりにするのが**データウェアハウス**（**DWH**：Data Warehouse）です。全データが格納されている巨大なDBに代わり、DWHでデータを適正に整理するのです。

しかし、DWHでもまだ、データの扱いが効率的ではありません。そこから、常に使うデータを引き抜いて可視化のテーブルを作ります。これを**データマート**（Data Mart）**化**するといいます。もとのデータベースの巨大なデータソースをハンドリングしやすいようにデータマート化するのです。

データマートも構造を持っているので、データモデル化できる専門家の存在が重要です。

ユーザーベースで柔軟に分析するための データキューブとViewer型BI

一方で、毎回データモデルやITの専門部署に頼んでいては時間がかかるため、固定的なデータ抽出のセットを作っておきます。これが、**データキューブ**（Data Cube）です。

しかし、最近ではユーザー部門でデータを引き抜き、自由に加工できるツールが出てきています。データキューブをユーザーが作れる**Viewer型BI**です。データを自分のパソコンに落として、テーブルも画面も柔軟に加工ができます。

表計算ソフトでもできるといえばできるのですが、**Viewer型BIはよりユーザーインタフェースに優れ、分析用のさまざまなテンプレートが用意されています**。こうしたViewer型BIは、社員にデータで語る癖を付けさせ、統計の知識を持たせる点でも意義があります。すべてIT部門や統計解析の専門家に任せず、社員の知識とスキルを底上げするためにも、こうしたViewer型BIの導入は積極的に行うべきです。

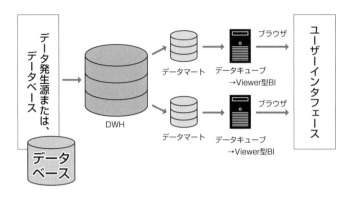

◆DB、DWH、データマート、Viewer型BIの関係性

BIと連携した表計算ソフトの活用と制限

BIで自分の見たいデータが作れない場合、表計算ソフトが使われます。表計算ソフトは自由度が高く、自分の見たいものが、見たいように加工できるため、使い勝手のいい仕組みです。

BIで作れないデータかつ一過性の分析は、表計算ソフトで行えば低コストで効率的なデータ加工ができます。また、定型化したデータをBIから表計算ソフトにダウンロードして加工するという方法も、効率的な場合は積極的に活用します。

表計算ソフトはとても柔軟性がある一方で、そこで作られたデータの計算式や可視化の方法が属人化することがあり、最後は「作った人しか内容がわからない、作れない」、「作った人の個人フォルダにあり共有されていない」、「作った人がいなくなったので維持できない」といった問題が起こりかねません。

データ分析の方法と可視化のフォーマットは標準化してBIで作り、正式な資料はBIで共有することが重要です。個人的な加工は表計算ソフトで許容するとしても、そうした個人的な表計算シートが会社の正式な文書にならないように気を付けなければなりません。

もちろん、表計算ソフトで作ったシートを会社の標準文書フォーマットにすることは問題がありません。重要なことは、会社で標準化した上

で規定されたものか、個人的なものかを識別しておく必要があるということです。自由な属人化を許すと何が標準で、どのデータが正しいのかわからず混乱するので、できるだけ属人化を排していくことを心がけましょう。

表計算ソフトをBIの代わりに使う

BIを使うためには、BIに必要なDBを構築する必要があり、情報システム部門の工数が必要になります。BIパッケージによっては高額なものもあり、データマートやデータキューブを作るにも費用がかかる場合があります。

高額な割に自由度がないのがBIです。Viewer型BIはそうした欠陥を補うためのものですが、それでも導入費用や学ぶための時間がハードルになることもあります。

そのため、BIを入れずに表計算ソフトでBIと同時に分析の仕組みを作っている会社もあります。表計算ソフトは安価で自由度が高いため好まれますが、管理が属人化してデータが散乱してしまうリスクがあります。大量のデータを定型フォーマットに可視化したい場合はBIが優れていますが、コストや使い勝手の面では表計算ソフトが優れているので、使い分けが必要です。

工場のITインフラと
KPI管理の課題

IoT機器だけでIoTは構築できず、KPIは業務とデータモデル知識が必要

工場ITインフラを職場任せにせず、工場単位、会社単位で標準化

多くの工場では、ITインフラは長い間工場や製造現場に任され、さまざまな設備業者が入り込んだことで、ほとんど統制が利かない状態で構築されています。工場はERPで本社とつながっている場合もありますが、そこで連携は切れ、ERPである生産管理システムと製造・工程管理を担う仕組みがなく、あっても手作業や表計算ソフトのファイルのアップロードで生産管理システムと連携しているのが関の山です。時間がかかり、サイクルは月次レベルで単なる報告に使われるだけのデータ連携になっているケースもあります。

また、製造・工程管理はシステム化には程遠く、一部の工程にだけ使われていて、作業指示と一部だけ実績収集に使われているという中途半端な状況が見受けられます。

このようにせっかくの機能も十分使われず、中途半端な使い方も多いのです。たとえば、せっかく製造実績がとれるMESがあるのに計量などのポカヨケにしか使っていない、実績収集があるのにERPに戻さず現場の作業進捗管理にだけ使っている、といった例が一般に見受けられるのです。

目的が作業改善や現場改善に限定されてしまい、システムとしての工場管理、生産マネジメントを意識しないからです。仮に、良いやり方でも、その使い方などはいち作業現場に閉じていて、いわゆるヨコテン（横展開）もされません。**工場単位や会社単位で考え、あるべき業務とシステムを考える機能がないのはもったいないことです。**

こうした業務とシステムを統合的に検討し、標準化して設計・導入・展開・維持／改善をしていく組織機能が必要です。

┃工場ITインフラと情報システム部門の責任分担の明確化と協業体制

　工場は独自の独立国のように振る舞います。工場のITインフラは製造設備の一部なので、「本社のIT部門は口を出すな」といった姿勢も多く見受けられます。

　しかし、工場の技術部門もITに精通しているわけではなく、かつ、設備機器も日進月歩のため、設備機器の導入や工場ネットワークの構築も外部業者に依存していることが多く、知識が不足しています。

　そのため、工場のITインフラは都度導入でどうなっているのかさえわからない状態、仮にITインフラを標準化しようとしても何を、どうしていいのかわからず、目先の変更を行う程度がせいぜいです。

　しかも、技術部門が設備系のITインフラを管理しても、そこから先のMESやSCADAになると、明確な責任者がおらず、何となく個人で管理している有様です。

　現代では、すべての業務はITなしには回りません。人が頑張るだけで生産が効率的にできる時代ではなく、「人はミスをする」という前提でミスを防止するITでの歯止めが必要になっています。また、データを統合管理し、人がデータインタフェースをするといった付加価値のない作業は継続すべきではありません。これは、人が大事なのに、人を機械の添えものにしています。

　日本の製造業は、今まで曖昧で誰がやっているのか不明確だった工場のITインフラ責任部署を明確に定義し、人を育てる必要があります。その上で、工場と本社をつないで、情報に意義と適時性も持たせるために、情報システム部門の責任分担の明確化と協業体制の構築をすべきなのです。

┃KPI設計時には業務・管理に詳しい人材とデータモデル専門家が必要

　また、KPIの設計も人任せにせず、会社として必要なKPIを定義して展開する機能が、生産マネジメント機能として必要です。その上で、業務に詳しく、どのKPIをどのように管理すれば生産が十分目標通りに行えるかを考えられる人材が求められます。

また、**KPIは構造化した指標のデータモデル定義が必要です**。そうした
スキルを持ったIT要員を育てておく必要があります。

IoTの実現には統計専門家と生産技術・保守・製造の専門家をそろえる

IoTが盛んに叫ばれ始めていますが、ここで書いたような工場のITイ
ンフラとしてネットワークを構築し、製造現場の末端のセンサーなどの
デバイスレベル、HTやタッチパネルなどのコンポーネントレベルから
PLC⇒SCADA/MES⇒BI／ERPまでをデータ連携しておかなければ、
IoTの仕組みはできません。

システムインフラ構築の課題	KPI・BIの課題
・工場の製造フロアのIT設計の主担当が不明瞭で担当者任せ ・情報システム部門が関わらず、工場任せ	・KPIを理解し、KPI設計ができる人材の不足 ・データモデル設計のできるエンジニアの不足 ・設備管理・保守担当のKPI化スキルの不足 ・統計の専門家の不在、不足

対策
・設備とITのフレームワークとしての切り分け
・設備管理部門と情報システム部門の責任分担の明確化

対策
・KPI設計時には業務・管理に詳しい人材とデータモデル専門家が必要
・IoTの実現には統計専門家と生産技術、保守、製造の専門家をそろえる

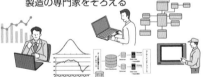

◆**工場のITインフラの課題と対策**

また、IoTセンサーなどの新規のツールを入れても、その場の思い付
きでデータをとったところで、使えるデータになりません。そもそも、
そのデータからどのような仮説と影響が出ることが正しいのかといった、
モデル設計ができ、その推論が統計的にも確からしいか判断ができなけ
れば、無駄なツールになりかねません。

「道具を入れれば何かができる」といった空想ではなく、しっかりと
した論理的な仮説が必要なのです。IoTの実現には、データの意義を理

解し、モデルが組める統計専門家と、実際にデータをとり、**有意義なフィードバックができる生産技術・保守・製造の専門家をそろえる必要がある**のです。機能横断で専門家がチームを組まないと、投資対効果に見合う、きちんとしたIoTシステムは構築できません。

┃「そのデータを取得していいことがあるのか？」に応える

ツール優先で事を進める人の癖として、「この道具（テクノロジー）を導入するとすごいことができる」といった発言が多く、他社事例といいながら本当にできたのかどうかわからないような事例を持ってくる人がいます。情報システム部門の中やマネジメント層の中でまれに見かけます。

ツール優先で進め、導入後に「さて、これはどう使おう」などといった事態に陥るのは、だいたいこのパターンです。これは投資としても無駄ですし、その後の検討も無駄になることがあります。「結局何ができるかわからない」「意味があるのかわからない」「実際はデータがとれない」などといった問題が出てくるからです。

したがって、こうした失敗を事前に防ぐためにも、**「そのデータをとっていいことがあるのか？」「想定するデータは実際にとれるのか？」**といったことをとことん突き詰めるべきです。

IoT機器だけでなく、あらゆるシステムやデバイスでとりあえず入れたけど使えないという失敗が多過ぎます。特にIoTに関して、再びこうした失敗の傾向が出てきていますので、ツールに飛びつかず、目的と効果をきちんと考えてから導入すべきです。

生産管理の未来⑥
机上のKPI管理を改め戦略に合致したKPIへ
在庫は悪ではない、戦略的な在庫配置と 生産方式に合致したKPI管理を

■「在庫は悪」とされるSCMの優秀さを示すKPI

　日本の製造業には、「在庫は悪」だとの思いが根強くあります。たしかに在庫は資金繰りに影響し、保管コストもかかります。陳腐化するリスクがあり、廃棄になると大損です。SCMの世界では、SCMの優秀さを測る指標に**CCC**（Cash Conversion Cycle：立替期間）というものがあります。CCCは在庫回転期間＋売掛債権回転期間－買掛債務回転期間で算出されます。「在庫回転期間が長い＝売上げに対して在庫が多い」「売上げに対して売掛債権が長い＝回収が遅い」「仕入れに対して買掛債務が短い＝早く支払い過ぎ」となり、資金が圧迫されるという指標になります。在庫が少なくなるとCCCの評価が良くなるため、在庫を減らす活動が促進されるというわけです。

■KPIが優れていても2番手企業は1番手企業に追い付けない

　かつて支援したD社は業界2番手で、業界最大手よりも在庫が少なく、CCCが良いことを誇りにしていました。たしかに最大手はD社より在庫が多く、CCCは劣っていました。

　D社は「在庫は悪だ」という思想で、受注生産を行っていました。一方で、最大手は見込生産で在庫を持ち、受注したら即納する体制をとっていました。機械部品を扱うこの業界では実は顧客は即納を求めており、どの顧客も最初に最大手に注文を入れるのです。いくら在庫が少ないと威張っても、最大手に在庫がないときにしかD社には声がかからず、売上げ規模で4倍もの差がついてしまいました。

■机上KPI管理をやめ、市場や顧客要求、企業戦略に合致したKPIを

　平準化生産できる最大手の製造原価は低く、売上げ規模から生じるキャッシュの潤沢さで圧倒される状況です。いくら会社の管理指標であるKPIで優れているといっても、4倍の売上げ差は少々の在庫効率の良さによる資金繰りでは勝てません。CCCは優れた指標ですが、最大手にCCCで勝っても、ビジネスで負けては意味がありません。市場や顧客要求、企業戦略に合致させたKPI評価が必要です。

第 7 章

生産管理における
ビジネスとテクノロジーの潮流

生産管理を標準化し、世界中どこでも同じマネジメントを目指す

属人化を排除し、工場マネジメントのインテリジェント化と両立を

引き継ぎに数週間、数カ月かけるなどといった非効率は避ける

日本企業の特徴として、業務規程や業務プロセスが明確に決まっていないことがあります。国内工場で他工場に転籍したり、海外工場に赴任したりする場合、引き継ぎに数週間、下手すると数カ月かかることがあります。

企業ですから、仕事のやり方や管理の仕方がどこも共通で、どこに行っても同じだと思いたいところですが、拠点ごと、部署ごと、担当者ごとにやり方が違うのが実態です。これでは非効率です。

日本企業は海外進出を急ぐあまり、現地のオペレーションやシステムを現地任せにしてきました。工場立ち上げを優先し、業務定義、業務プロセスの設計、マネジメントプロセスの設計、システムの標準展開は二の次でした。

それだけではありません。そもそも日本企業には業務プロセスを標準化する思想やシステムを統一して展開していく思想が欠けていたのです。人だけを送って、かつ採用して、後はいる人で考えてボトムアップで仕事を作り上げる日本流の癖が染みついているのです。

しかし、海外進出した場合、日本と現地の人材には質的な差がありますし、ロイヤリティにも相違があります。**本社として、標準業務をトップダウン型で定めることが必要なのです。**

世界中どこに行っても同じ業務プロセス、同じシステムを目指す

世界中どの工場に行っても、業務プロセスとシステムは統一すべきです。予算の立て方、生産計画、能力計画、製造指示、実績収集などのやり方、現場管理指標の定義と計算式、報告事項と報告の仕方などを統一

する必要があります。

　システムを統一するとはいっても、小規模拠点や外部のITベンダーの支援が脆弱な国では、利用可能なシステムの選定も変わってくるでしょう。それでも、**導入するアプリケーションは可能な限り統一します**。また、**工程の定義、BOM、原価計算方法、品目コードなどの定義は標準化します。**

　業務が標準化され、システムが統一されていると異動も容易です。教育も、採用も容易になります。特に、ほとんどカスタマイズなしで統一システムを導入できれば、世界中どこに行っても同じ画面、同じ項目定義、同じ入力方法ですから、わかりやすくなります。

　また、カスタマイズせずにメジャーなアプリケーションを導入しておけば、採用基準にそのシステムの利用経験を入れられます。採用された人材も、過去にいた会社と同じ画面、同じ項目定義、同じ入力方法ですから、労せず使用できます。

　運用やバージョンアップを考えても、メジャーなアプリケーションをできるだけカスタマイズなし、標準型で入れていくことを目指しましょう。

▌世界中どこに行っても同じ管理ができることが重要

　さらに、通常業務だけでなく、**マネジメント業務も標準化**します。B2C業界なら、販売計画の立て方、B2Bなら商談プロセスのステージ定義とパイプラインのステータス報告などを需要計画として定義します。また、生産計画の立て方、工場別、工程別キャパシティの計算と報告形態、在庫の定義と報告形態、原価計算の方法と工場間原価比較を行うための定義、報告形態などです。

　計画の立て方、マネジメントすべき項目や報告のやり方が標準化され、統一されていれば、異動してもその日から管理ができます。外資系企業をほめるつもりはありませんが、私が以前に外資系企業にいた際、異動があり、拠点を移ってもまったく同じマネジメント形態で、その日から状態がわかりました。何をチェックすべきかも同じでしたから、引き継

ぎはせいぜい1、2日で済み、すぐにマネジメント業務が回るといった状態でした。

　会社として、工場として、マネジメント上の状況、チェックすべき重要な事項が同じで、異動しても即わかる形に標準化、統一化しておくべきです。

多くの企業・工場の現状

業務が標準化されず、拠点ごとにバラバラで、システムも拠点ごとでバラバラ

- 拠点や組織が変わると業務もシステムも違う
- 仕事が人についているので、引き継ぎに長時間
- 下手すると、人について仕事が他部署に持っていかれる

業務・システムが違い、効率が悪い。マネジメント形態もバラツキ、管理が統一されていないため、全体の統合度合いも低い

理想の姿

業務が標準化され、どの拠点に行っても同じやり方、システムも統一されている

- 拠点や組織が変わっても同じ業務、同じシステム
- 仕事が定義され、引き継ぎもごく短時間
- 仕事に人が割り当てられている

どこに行っても同じ業務・システムで、効率が良い。マネジメント形態も統一され、管理方法が統合されている

◆業務プロセスとシステムの現状と理想の姿

7-2 生産のグローバルマネジメントと工場統合マネジメントへの進化

日本企業に必要な工場グローバルマネジメントの構築の必要性

┃ グローバルS&OP/PSIの構築と本社工場による意思決定統制

マネジメント業務で生産管理として最も強化すべきは計画業務、特にグローバルでS&OP/PSIを標準化し、統一すべきです。

販売計画や商談管理のやり方も世界で統一します。まず、本社と本社工場からの販売計画に対する意思伝達を定義します。**各拠点が勝手に販売計画を作るのではなく、本社の意思を入れた販売計画を作らせます。** たとえば、売りやすい製品ばかり売るのではなく、本社が優先的に売るべき製品、販売を抑制すべき製品を伝達するのです。

販売計画なら、販売実績の分析方法と報告方法、需要予測からマーケティング担当者などの人の意思を入れた計画への変更、計画を変えた際の根拠の報告方法まで統一します。

仕販在計画、生販在計画の在庫方針、まるめ数の方針、生産計画や調達計画のバケット、キャパシティ計画などを定義します。

┃ グローバル需要の管理とキャパシティマネジメント

各拠点計画を集約して、グローバルの需給計画をまとめるのは本社の役割ですが、**仮にどこかの拠点で販売計画が大幅に伸びて、自工場での供給が困難な場合には、本社工場が全体のキャパシティを見て、生産拠点の再配分を行います。**

生産の再配分が行われると、生産を配分された工場でのキャパシティ調整、調達計画の再調整が必要になりますから、配分の可否もチェックし、調整する権限が必要です。

私が知る企業では、かつて北米工場が生産ひっ迫しているのを放置したために設備のメンテナンスがおざなりになり、設備の故障による生産

不能に陥った例がありました。対応が後手に回って、他工場で生産を開始したときには後の祭りで、コストは莫大に増加し、供給問題ギリギリといった状態でした。こうしたことが事前に把握でき、計画的に生産を他工場に生産移管しながら設備のメンテナンスを行うことはできたはずなのです。

　需要は変動し、時に生産能力を超過することもあります。こうしたことを放置せず、**本社工場の責務としてグローバルでの供給担保とコスト維持を狙って、グローバルキャパシティ調整を可能にすべきなのです。**

　また、時に生産が落ち込み、予算達成が厳しくなる工場もあります。その際は、生産配分による工場の財政を助ける意思決定もできます。グローバルに生産マネジメントを行い、グローバルで収益を最大化することは連結経営では望ましいマネジメントです。

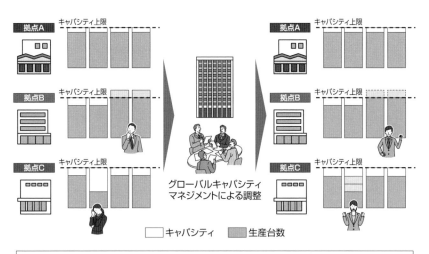

各拠点工場の個別マネジメントでは解決しない問題を、グローバル生産マネジメントの体制を通じて解決していくことが、今後のあるべき生産管理の姿

◆グローバル需要管理とキャパシティマネジメント

グローバル調達品目のキャパシティ合意と配分調整

　生産だけでなく、調達もグローバル化してきています。A国工場も、B国工場もサプライヤーCから同じ部材を購入しているといったことも普通です。こうしたときには、重要な部材のサプライヤーならグローバルで統合して調達数量をまとめ、サプライヤーと調整・合意して全拠点への供給を担保すべきなのです。サプライヤーに拠点別調達計画、グローバル合算の調達計画を共有し、直近の在庫と先々の供給キャパシティを合意します。

　また、こうした**グローバル調達品には、急な需要変動があった際の統一した交渉窓口が必要です**。各拠点がバラバラにサプライヤーに調整をかけるとサプライヤーも迷惑ですし、供給配分の優先順位もわかりません。グローバル企業として、どの拠点を優先し、どの拠点を後回しにするかといった配分（アロケーション）を、本社が全体の売上げと収益を確認しながら判断すべきなのです。

　こうした点で、グローバルでの調達品目のマネジメントを本社工場が担うべきなのです。

グローバル需給管理とグローバル調達管理はSCP＋BIで行う

　国内外を合わせた複数の工場の需給状態やキャパシティ、調達計画を一元管理して共有・可視化するシステムはSCPが担います。できれば、すべての工場で統一したSCPを活用します。SCPだけで十分可視化ができない場合は共通のBIでも可視化データを共有します。

　基幹システム（ERP）やMESは、拠点の規模、構築・運用ができる現地ベンダーの有無とスキルレベルによって、必ずしも全世界共通のシステムが入れられるとは限りません。しかし、SCPとBIは、クラウド化すれば全拠点で共通のプラットフォームとして標準化できます。

　仮に拠点ごとに基幹システム（ERP）やMESが異なっても、SCPとBIさえ共通化できていれば、各拠点の計画と実績を可視化できます。

弱体化するエンジニアリングチェーン、生産技術部門の強化

設計力、生産技術力の弱体化を防ぎ、マザー工場として強化する

設計に関わるエンジニアリングチェーンの弱体化

　生産管理を成り立たせる重要な業務機能について触れておきたいと思います。**近年、生産を行うにあたって製品設計や生産設計の力が弱ってきています。**製品設計時に設計者の判断で独自部品や原料を採用するので、際限なく部品や原材料のバリエーションが増えて、品目やBOMの管理が煩雑になっている状況です。

　また、設計力や部材の評価力も落ちているのか、設計変更が頻発し、その変更管理や履歴管理がおざなりになり、莫大な人的対応工数と無駄な在庫を生んでいます。生産設計が弱っているせいで、作りにくい設計と複雑な工程になっています。

　エンジニアリングチェーンと呼ばれる、製品設計から生産設計・サービスパーツ設計に至るまでの設計の業務連鎖がうまく回らなくなってきました。ひとえに、海外生産のボリュームが増え、生産技術が外部化したせいもあるでしょう。

　筆者が駆け出しの頃、生産技術部門やエンジニアリング部門は力を持っていて、工場の中でも花形部署でした。出会う人の優秀さには舌を巻いたものです。今でも、そうした強固な体制を持っている企業もあるでしょうが、生産の主要拠点が海外に移るに伴い、あるいは**EMS**（Electronics Manufacturing Service：電子機器の受託製造サービス）のような外注生産を使うようになって、だいぶ力が落ちてきている企業もあるように見えます。

　製品設計や生産設計は生産管理、モノ作りの基礎になります。エンジニアリングチェーンマネジメントの強化は、サプライチェーンマネジメントと生産管理の強化と並んで、重要なテーマになってきています。

図面情報、生産設計と生産技術の本社工場への集約

　海外生産が多くなり、**設計も海外で行う例が増えてきています**。そうなると、海外独自の図面が増え、本社で統合管理ができなくなります。本社も、図面を統合管理する体制が弱く、せっかくCADで図面を描いているのに、電子データで図面情報を提供できず、いまだ紙の図面を世界にクーリエ便を使って送っている始末です。紙の図面は持ち出しの恐れもあり、できれば電子化してセキュリティレベルを上げなければなりません。**図面は権利と機密情報の塊ですから、電子化し、本社または本社工場で一元的に管理して統合管理します。**

　また、生産設計と生産技術のスキルはもう一度本社工場に集約すべきです。生産技術は戦略的な技術であり、生産の強みに直結します。

　システム的には、グローバルで利用するCADシステムの統一、設計ルールと設計プロセスの統一、図面の本社工場での集約管理と配信ルールの厳格化が必要です。**CADの統一、設計標準の統一、図面配信の統合は必須になるでしょう。**

"マスタ"情報の本社工場統合とコードの一元化とPDM

　統合管理すべきは図面管理だけではなく、**マスタ管理**も統合すべき重要な要素です。

　今まで日本企業は拠点ごとに好きなシステムを入れてきました。マスタも好きに作るので、マスタ項目やマスタへの登録内容も自由でした。

　その結果、製品コードがバラバラで、同一品目が違う品目コードで管理され、データを取得しても莫大な読み替え工数または変換プログラムを作って対応しています。

　時間はかかりますが、世界中のシステムを統一化していくとともに、コード体系を統一していく必要があります。これは、大きなテーマです。

　製品や構成品目のデータを管理する仕組みがPDMシステムです。これにより、品目のマスタデータを一元管理し、配信することができます。

PLMによるグローバル構成情報配信の仕組み化

　グローバルでのデータ統合で今後重要な役割を果たすのがPLMシステムです。PLMは図面や設計情報を管理し、設計BOMを管理します。設計上の製品、部品の構成、品目コードなどが統合されています。CADデータとPDMデータを統合管理したような機能を持ちます。

　PLMから世界中の拠点に図面と設計情報を配信することで、生産BOMやサービスBOMを拠点ごとに生成することができます。PLMが全体を統括するので、設計変更情報もPLMから配信され、設計変更が効率的に行われます。

　設計図面の統一、品目コード統一、構成情報の統一を設計変更情報の一元的な配信ができる仕組みとしてPLMの導入はこれから必要になるでしょう。

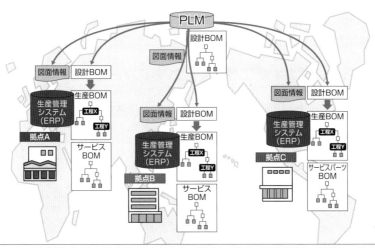

PLMにより品目データと構成データを統合し、世界中の拠点での図面共有、品目コード統一、構成情報の統一、設計変更情報の一元的配信ができる仕組みを構築する

◆PLMによる品目情報の一元管理と配信

7-4 IoTとMES、SCADA、生産管理システム、BIが作る知的工場

テクノロジーが開く未来の工場と人、機械の適正な統合に向けて

IoTなどの情報技術革新を工場に根付かせる組織機能設計と人材育成

インターネットが普及し、かつてユビキタス社会といわれた、どこでもネットにつながる世界が出来上がりつつあります。インターネット技術を使うことで、安価にネットワークが構築され、データの蓄積も容易かつ安価にできるようになりました。

同時に各種デバイスも安価になりつつあり、IoTという、モノに関わる情報も含め、すべての情報を電子化して管理できる世界が登場しました。

人の手で集められ、手入力されていたデータが足かせになって、時間と工数がかかっていたデータ取得・蓄積が、IoTセンサーの普及によって人の手に頼らず収集、蓄積できるようになってきています。工場内のITインフラを整備し、仕組み化さえしてしまえば、データの取得・収集・変換・転送・蓄積が自動化されます。

しかし、現在ではこうした工場内のITインフラを構築する役割を担う組織機能が不足し、人材も不足しています。外部の企業頼みになっているのです。

また、製造現場の上位に位置する間接管理部門や本社との接続もできていません。工場のIT部門も脆弱で、本社との連携ができておらず、本社も工場は"治外法権"的な認識で、本社のIT統制下にない工場も多数あります。

しかし、IoTを根付かせ、そこで収集されるデータを現場管理以外で活かそうと思えば、工場のITを標準化し、本社のIT統制下に置き、事務所棟や本社とのシステム連携を行う組織機能が必要になります。

つまり、工場にきちんとしたIT組織機能を置くことが必須になるの

235

です。**ITの選定・導入・保守／運用・セキュリティポリシーなどを企業体で制定・遵守し、工場で勝手なIT導入をさせないようにしなければなりません。**

　また、設備側のシステムであっても、標準を決め、工場ごとのインフラ導入は避けなければなりません。生産技術や工務部門は現場にITを導入する際は、必ず本社のIT部門とすり合わせ、インタフェースをしていく作業の段取りを取り決めていかなければなりません。

　工場長も、工場が勝手に設備を導入するといった考えを改め、設備の標準化、工場のITインフラの標準化、生産管理システムをはじめとした間接部門のIT標準化に従わなければなりません。いつ、自分が他の工場の工場長になっても、代わりの人が同じ定義のデータ、同じ分析、同じプロセスで管理できるようにしておくのです。

　個別最適を追求することは無意味です。連結管理が当たり前ですから、統合されたITを導入し、連結管理を担える体制を整備します。

┃ 人と機械の相互連関で最適化生産を目指す

　IoTが導入されると生産活動すべてが自動化されるような幻想がふりまかれていますが、決してそのようなことにはならないでしょう。ドイツのインダストリー4.0ではコンセプトとして、受注変更を受けて自動的にBOMを切り替え、生産指示を設備側に転送し、自動で生産が開始されるといったモデルを提示しましたが、このようなことは、ごくごくまれなケースだけになるでしょう。

　実際の生産活動はもっと複雑です。機械ですべての生産ができるほどの柔軟性はありませんし、そもそも、すべての製造行為が機械でできるわけではありません。必ず、人と設備が共同で製造を行う形が残ります。重化学産業のような巨大プロセス産業でもない限り、生産すべてを機械だけで行うなどという生産方式は、硬直的で柔軟性のない、高コスト生産となってしまいます。

　また、**生産を完全に自動化した受注生産方式でもない限り、人による意思決定を経た計画的な生産と調達になる**ため、システムで自動的に計画・

指示することはできません。必ず、人の意思決定が必要なのです。

IoTによって、自動化できる領域は限定的です。そうしたツールベースの幻想を描く前に、生産マネジメントと製造・工程管理の標準化とシステム化、プロセスの定義とシステム統合を行うことができるのです。その上で、人・機械が分担する機能を最適化できる工場ITインフラを敷くことが先なのです。

IoTは単なる道具であって、その道具を使う本体側がきちんと組み上がっていないのであれば、無駄なデータ取得の仕組みになるだけで、相変わらず人がデータをつなぐ奴隷になるだけなのです。

▌生産管理を高度化するために、生産に関わるシステムは統合する

生産活動は複雑で、高度な管理が必要です。しかし、その高度な管理は、実はシンプルな定義を前提に、標準化して作ることで、ITの支援を受けながら高度な分析、意思決定ができるようになります。生産管理というフレームワークは、改めて見直され、再定義して、自然発生的に

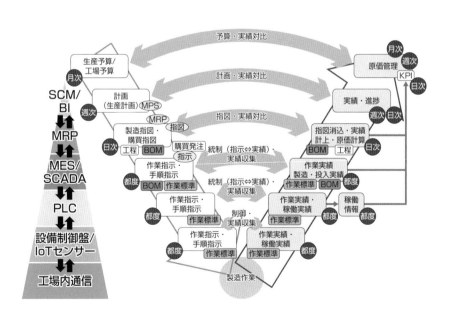

◆レイヤーごとの機能が連携し、統合された生産管理業務・システムの再構築が必要になっている

できてしまった現在の管理体制やIT導入の方法を再構築しなければならないのです。

　生産管理の業務・システムの統合は業務の標準化とシステムの最適な連携を実現しなければなりません。**管理レイヤーごとに業務を設計し、必要なシステムを定義し、連携を意識して導入します。**個別組織の機能を高度化すると同時に、組織機能を横断してデータ連携を定義し、業務プロセスとシステム連携を統合するのは簡単ではありません。

　広い視野による各業務の連携への理解と同時に、各業務への深い知見、そしてシステム統合のスキルが必要です。個人でそのすべてを身に付けることは困難です。**各組織のエキスパートとシステムのエキスパートが参画し、それらを統括する強力なリーダーが求められています。**生産管理の再構築は企業競争力を高め、企業の永続性を担保します。

　日本はモノづくりの国です。再び、製造業が輝くためにも、生産管理の体系を再構築し、統合したシステム導入をしていきましょう。

COLUMN

生産管理の未来⑦
DXと情報システム部門の戦略部門化
絶望的に遅れた日本の製造業のDXは、逆に伸びしろがある

■日本の製造業のIT化は相当に遅れている

　日本の製造業のIT化は遅れています。人に依存して生産活動を行ってきたため、属人化を良しとし、システム投資を怠ってきました。経営陣もITをどう使えば良いのか理解できていません。いまだに表計算ソフトをシステムだと勘違いするほどのレベルだったりします。

　営業の商談日報もメールか表計算ソフトで作り、請求書もワープロソフトか表計算ソフトで作成、生産計画も表計算ソフト、実績データの収集は紙、原材料発注の所要量計算も表計算ソフトといった状態です。経営への報告書も表計算ソフトで作ります。システムを活用する部分はほんの少しです。

■システムなしの人による作業では競争に負ける

　システムがないことで、無駄に人が必要になります。スピードも遅く、顧客に迷惑をかけ、コストもかかるといった有様です。日本では質が高く、忠誠心のある正社員をベースに仕事を回してきました。一方、欧米ではシステム込みで仕事のやり方を決め、人の質に頼らず仕事を回します。日本企業では、転勤してどこの拠点に行っても同じやり方と管理、外国人が来ても同じシステムを使ってすぐ仕事ができるといった状態にはないのです。これでは、あらゆる業務を徹底的に標準化し、使い勝手を良くしたシステムを使う企業に勝てるはずがないのです。

■DXという言葉は数年後ないかもしれないが、今の勢いは利用すべき

　ちょうど今、**DX**（Digital Transformation）という、企業をデジタル技術で変革させる取り組みへの必要性が盛んにいわれています。数年後には当たり前になって、DXという言葉は消えるかもしれませんが、この言葉を使って、システム化を推進するのも1つの手です。DXという言葉でシステムに疎い経営陣をやる気にさせ、システム投資を行い、競争力を底上げするプロジェクトを起こすのです。業務プロセスとシステムは一体だと理解させて投資を行い、競争力強化に役立てましょう。

239

生産管理の未来⑧
SCM/DCMとしての再構築と統合
SCMを再構築し、DCMとの連携で組織統合力を向上させる

■ 部分最適・全体崩壊になすすべがない組織分断の業務

　製造業の生産活動は、顧客、営業組織、工場、サプライヤーが一体となって営まれる業務です。工場の中も、生産管理部門、製造部門、調達部門、品質管理部門、原価管理部門、物流部門、工場の経理部門などの部門が有機的に連携して業務が営まれます。

　本来、連携して協力すべき各組織が、過度に専門特化することによって、個別組織の生産性と利益を追求するようになりました。結果、お互いが協力するのではなく、敵対的になって部分最適に走り、全体がぎくしゃくするようになりました。

■ サプライチェーン上の組織の壁を取り払い、SCMを再構築する

　組織単位に個別最適化した業務を変え、組織の壁を取り払い、全体の利益最大化による利益配分と相応のリスク負担を可能にするSCM業務の構築が必要になっています。企業は有機体であり、それぞれの組織が整斉と連携し、制約とリスクを読んで限られたリソース（資源）の使い方をコントロールすることで、全体の収益の最大化を目指すのです。

■ SCMとDCMを連携させ、製造業の競争力を取り戻す

　SCMだけでなく、新製品開発計画や設計プロセスとの連携も再構築が必要になってきています。昨今の製品入れ替えの短サイクル化に引きずられ、組織利害の調整なく開発・設計が進んでしまうのです。結果として、生産活動中や販売後に問題が噴き出すのをよく見かけます。SCMと開発・設計プロセスを担う**DCM**（Design Chain Management）を連携させ、製品開発の競争力を強化する活動も、大きな課題になってきているのです。

　私の仕事では、今までは生産と営業、両者混在のミーティングで時間の3分の1ずつ使っていました。昨今では、開発・設計部門とのミーティングが増え、生産、営業、開発・設計の合同でのミーティングも増えました。競争力強化のためには、組織の壁を取り払い、組織横断で連携したプロセス改革とシステム導入を行わなければならないでしょう。

第**8**章

生産管理システムを
導入する成功のステップ

生産管理システムの構築ステップ

生産管理システムを構築するのであれば、きちんとステップを描いて導入します。生産管理は複雑な系（システム）ですから、全体の統合を維持するためにも手順を踏んだ「**ウォーターフォール型**」でなければなりません。その点で、パッケージを使いながら、こまごまとした要件を小出しにしていく「アジャイル型」の開発はしてはいけません。生産管理システムの構築ステップは8-2から8-10で説明します。

体制には各業務のエースを投入し、プロジェクトは社長直轄にする

体制を構築する上で、プロジェクトリーダーにも、各チームリーダーにも、各業務のエースを投入（アサイン）します。生産管理システム構築を甘く見ている会社では、余った人材をプロジェクトにアサインしたり、兼務でおざなりに参画させたりします。これでは、ほぼ失敗が保証されたようなものです。

生産管理システムは複雑で難易度が高く、必要に応じて現在の仕事のやり方を変える提言をしなければなりません。そうした時に、「この人の言葉は聞こう」となる人でないと進めることが困難になります。また、生産管理システムの構築は会社の命運を左右するプロジェクトになるため、**社長直轄のプロジェクトとし、経営陣の支援を取り付けておくべき**です。

8-2 生産管理システム導入成功のステップ1
目的と目標の設定
経営的視点での生産管理システムの構築を目指し目標を設定する

システム老朽化対策から始めてもいいが、目的・目標は再考を

多くの生産管理システム再構築は、システムの老朽化が引き金になってプロジェクトが発足しています。スタート地点としては仕方がないのかもしれませんが、老朽化対策が目的になってしまうと、現状踏襲・現行焼き直しになるだけというお寒い状態になります。莫大なお金をかけた割に、価値向上のない活動になりかねません。

作業レベルではなく、経営視点の目的・目標を設定する

やはり、**大きなお金をかけてシステムを入れ替えるなら、会社の競争力強化になったり、収益が増えたりすることを目的にしたい**ものです。目標もできれば数値化して、構築後もトラッキングできるようにします。

ただし、金銭的な効果ばかりを目標にしてはいけません。生産管理システムのような基幹システムは投資対効果で評価すると投資に見合わないことが普通だからです。基幹システムで大幅に工数が減って、人が激減するなどということはありません。しかし、だからといって構築をやめては、将来の業務継続性破綻の恐れが生じます。今の生産数量をこなすには、システムなしには無理です。

経営的に認知され、明示的な目的と目標の設定が必須です。はっきりわかる目的と目標があってはじめて、人は積極的に動き出します。たとえば私の支援するプロジェクトでは、「顧客サービス向上による収益向上」「先読みによる変化対応力強化」「QCD向上」「コンプライアンス強化」といった目的を掲げます。目標は「在庫目標○○円」「コスト低減○○円」「高付加価値業務への人員異動○○人」などと設定します。

生産管理システム導入成功のステップ2
現状調査

あるべき論だけで進めてはいけない、現状の理解は必須

現状無視の「あるべき論で行け」、「システムに合わせろ」で大失敗

システムの導入にあたり、一部の経営陣からは「現状に縛られるな、あるべき論で行け」、外部のコンサルタントやパッケージベンダーからは「我々にはあるべきシステム構築の豊富な経験がある」という言葉をよく聞きます。

こうした言葉を真に受けて、あるべき論でシステム導入に突入し、途中で断念したり、まったく使えないシステムだったり、という例は枚挙にいとまがありません。

「パッケージに合わせろ」で大失敗、ベストプラクティスなどない

また、「世界標準」などという宣伝文句を真に受けて、検証もなく売れているパッケージの導入を決め、「パッケージに合わせろ」との指示のもとプロジェクトを展開し、大失敗した例も山のようにあります。

たくさんの企業に導入された結果、各社の良い要件である「ベストプラクティス」が入っているなどというセールストークが生まれます。あくまでセールストークなので真に受けてはいけません。

現状の業務の中には、「必要なこと・正しいこと」がある

長く培われ、営まれてきた業務は、たしかに属人的で非効率な部分もあります。しかし、必要なことだから行われている業務、古いシステムに実装された業務機能もあるのです。そうした必要なことを無視してしまったら、業務が成り立たなくなります。また、**外から見て複雑で非効率なことでも、生産の特性や特殊性を考慮すると、生産を成り立たせるためには正しいことであったりする**のです。

8-4

生産管理システム導入成功のステップ3

構想策定

実現すべき"像"がなければ、どんな"家"を建てるのかわからない

▌複雑化した現代において、構想なきシステム導入は迷路にはまり込む

　生産管理システムに限った話ではありませんが、システム導入において、構想立案をしておかないと迷路にはまり込む可能性があります。

　システム構築では、複雑なシステム機能の実現可否の判断という難しい仕事が必要です。要求されている機能は時間とお金をかけてでも実装すべきか、捨てるべきか判断できない状況に直面することがあります。

　たとえば、納期回答という要件ではよく混乱が生じます。受注に対してのみ納期回答するのか、それとも、出荷可能性の問い合わせにも回答するのか、納期回答時は製品在庫の引当可能だけをチェックするのか、小日程計画までチェックし実際の設備の空きまで見るのか、といった議論が生じ、迷走が始まります。納期回答という業務の構想がないので、ユーザーも思い付くままに機能を言い出し、収拾がつかなくなるのです。

　どのような納期回答をシステムとして実現するのかといった理想像と実現可能性を踏まえて熟慮し、決定した構想がないので、どこまでやるのか、業務的に本当にできるのか、ともめることになるのです。

▌構想策定は向かうべき経営や事業の方向性と現実をバランスさせる

　構想策定では、「何を、どのように実現すべきか」ということを描いてメンバー間で共有していきます。しかも、**理想だけでなく、現実的な落としどころも踏まえておかなければなりません。**不可能な構想に対する判断は、早くしておくに越したことはないのです。

　一方、今は不可能でも、改革・改善を積み上げることで将来実現する可能性が見込めることもあります。**構想策定では、理想像の実現タイミングも展開計画にしておきます。**

245

業務を実行する人たちが業務を設計し、合意する責任を果たす

システム開発にあたって、いきなり要件定義から始めてはいけません。システム機能間の関連と業務設計をしてからでないと要件定義がブレる可能性があります。システム間の機能連携が曖昧なままでは、どのシステムで機能を担うのか議論が収拾できず、要件定義が迷走します。

システムに対する要求は、標準化に重点を置き、過度に複雑な機能要求をさせない、シンプルな機能に限定することが必要です。業務としてシステム化対応すべき必要なこと・正しいことを識別します。

一方で、システムへの実装を諦め、業務で頑張ってもらう、泣いてもらう機能も明確にしていきます。そうしないと、実現困難な機能や莫大な開発工数とコストのかかる機能の実装をやるはめになり、実装できないなどの問題が起きてプロジェクトが危機に陥るリスクが高まります。

ユーザーを中心に、自分たちが楽になるためではなく、会社として必須な標準業務機能にシステム実装は限定し、かつ、決めたことをユーザーの責任として守ると受け入れてもらいます。

業務機能間の関連性、前後依存関係を整理しておく

業務設計の結果から、業務機能間の関連性を明確にし、業務の前後関係と依存関係を整理しておきます。たとえば、生産管理システムのMRPで製造指図を発行し、製造指図をMESに渡して製造指示を生成するといった順序を要件定義の前に明らかにします。

さらに、機能の関連性にもとづき、どのアプリケーションでシステム機能に対応するのかを描く「**システム機能配置図**」を描いておきます。

8-6

生産管理システム導入成功のステップ5
パッケージ選定
業務機能に対して適切なパッケージシステムを選定する

▍みんなが使っているからという理由でパッケージを選ばない

　業務システムは、ほとんどの他社で使われているから優れているとか、同業他社が使っているから自社に合うとか単純に考えてはいけません。自社に合うシステムは慎重に選定しなければなりません。

　実際、**パッケージベンダーのセールストークを鵜呑みにして、ERPやSFA（Sales Force Automation；営業支援システム）のパッケージを入れて莫大な追加コストがかかっている会社は多い**ものです。慎重に選べば、自社の機能要求に合っていて、安いシステムが見つかるものです。

▍業務設計から業務フロー、業務機能を明らかにし、"Fit&Gap"する

　パッケージシステムを選定するためには、業務設計から実現したい業務機能を明らかにし、機能に合致するかどうか、「**Fit&Gap**」検証をします。複数のパッケージ候補を選び、それぞれ検証します。

　Fit&Gapは各機能の適合（Fit）度合い、不適合（Gap）の際の対応方針などを明らかにし、不適合の場合の追加開発、業務対応などのコストと手間を検証した上で、最も適合し、合理的なコストに収まりそうなパッケージシステムを選びます。

▍自社でFit&Gapする場合とITベンダーにFit&Gapさせる場合

　Fit&Gapは自社で行う場合と、パッケージベンダーに行わせる場合、パッケージベンダーではなく、そのパッケージを使って開発を行うITベンダーにさせる場合などがあります。その際には、プレゼンをさせた上で、**パッケージ機能だけでなく、ベンダーのスキルや誠実さ、リーダーとなるべき人の人間性なども確認**しておきます。

生産管理システム導入成功のステップ6
ITベンダー選定

単なる作業者ではなく、システムインテグレート力を問う

┃ 自社のみで開発できるというのはまれ、ITベンダーを選定する

生産管理システムのような複雑なシステムを自社のみで構築するのは並大抵のことではありません。構築にあたっては、外部のシステム開発会社であるITベンダーを採用するでしょう。

ITベンダーも業界ごとの得意、不得意があったり、会計には強いが生産管理には弱いといったり、それぞれ特徴があります。パッケージについても、過去のプロジェクトで手掛けたことがあるかどうかで、経験の深さにも差が出ます。

したがって、ITベンダーはどこでもいいわけではなく、**得意・不得意、スキルと経験の高低で選別して、選定しなければなりません**。

┃ 提案依頼書RFPを作り、提案依頼を行う

ITベンダーを選定するにあたり、**RFP**（Request for Proposal：提案依頼書）を作ります。RFPには、システム構築の目的、範囲（スコープ）、実現したい機能、スケジュールと納期などを記載します。パッケージの使用が決まっていればそれも知らせます。既に構想ができていたり、現状とあるべき業務フローと業務機能要件一覧などができていたりしたら、その他の追加補足情報として、必要に応じて配布します。

ITベンダーにはプロジェクトを推進するための進め方（アプローチ）、体制、スケジュール、金額などを提案要求します。体制についてはリーダーとメンバーの明示と各人の経歴、会社としての実績も開示してもらいます。

通常は複数社を候補に機密保持契約を結んでRFPと補足追加情報を渡し、**2週間から1カ月程度かけて提案書を作って提出してもらいます**。

生産管理システム導入成功のステップ7
要件定義
システム設計をする前に、要件定義であらかた機能を確定しておく

プロジェクトの多くで遅延が発生する原因は要件が不明確だから

　ITのプロジェクトで、遅延が発生する大きな原因は、要件が不明瞭であることです。遅延は各フェーズで起きますが、要件定義フェーズでの不明瞭な定義内容が根本原因となっています。

　まず、要件定義フェーズで要件そのものを決められないといった遅延が起きます。これは、業務側、システム側双方で要件を追い込み、どこかの段階で要件を凍結しなければなりません。

　要件は明確に、正しく書き切らないといけません。**要件定義フェーズで要件が曖昧なまま活動を終わりにしてしまうと、後の設計工程、開発工程、テスト工程で手戻りが発生する**からです。よく、設計工程なのに、要件定義の質が悪く、設計が二転三転することがあります。ひどいケースでは、テスト工程に入ってから「実は要件が違っています」となって、要件定義、設計、開発が何度もやり直しになる、いわゆる「終わらないプロジェクト」になるといった事態も生じます。

　プロジェクトの上流フェーズである要件定義が曖昧なまま、先に進むと、曖昧さを許容してごまかしてきた問題点が一気に噴き出すのです。

要件定義はユーザー責任だが、情シスやベンダーがリードする責任も

　こうした要件が不明瞭なことに起因するトラブルでは、遅延の責めを情報システム（情シス）部門が負うことがあります。あるいは、外部ベンダーが責められることもあります。

　本来は、要件定義を行う責任はユーザー側にあるのです。ITベンダーに委託する際も、発注した会社側に責任があります。したがって、要件を詰め、確定し切る責任はユーザー側ということになります。

生産管理システム導入成功のステップ8
設計・開発・移行・テスト

設計と開発は粛々とこなし、テスト定義を行った後の移行は早めに準備する

要件定義をきっちり行うことで設計以降のフェーズは淡々と進む

　要件定義がきちんとされていれば、設計、開発、テストのタスクはさほど大きく遅れたり、品質が落ちたりしないでしょう。もちろん、開発者の経験やスキルによる差はあるものの、リーダーがしっかりしていれば、かなり安定的に作業を進めることができます。

パッケージの場合、追加開発のアドオンの質は設計の腕次第

　とはいえ、**パッケージの標準機能にない追加開発部分（アドオン）は、その設計や開発の質は、設計者やプログラマーの質にも依存します。**そのため、メンバーであっても、設計者、プログラマーで重要な仕事をこなす技術者の選定は慎重に行います。

　日本の場合、設計者やプログラマーにきちんとお金を使わず、ブラック職場のような扱いをする傾向がありますが、やはり技術者には敬意とそれなりの報酬を払い、大事にする必要があります。システムの質に影響するからです。

テストの定義をしっかり行い、移行も早めに準備する

　外部からITベンダーを入れる際、あるいは複数ITベンダーが同時に入っていたりすると、テストの定義が違っていたりします。プログラムテスト、システムテスト、ユーザーテストの定義と役割分担をしっかり行い、**お互いの責任範囲を明確にして早めに準備をします。**

　テストシナリオは誰が準備してレビューするのか、テスト用のデータは誰が用意するのか、といったことを早く決めておきます。データ移行とマスタ移行も早めに準備します。

8-10 生産管理システム導入成功のステップ9
カットオーバーと定着化
ビッグバンか並行ランかの決定、定着までの支援と運用設計が必要

工場の場合、生産日程、工事日程との調整が必要

　生産管理システムや工程管理システムの場合、工場への導入があるため、工場の生産日程を確認し、工場の停止日にカットオーバーを行います。季節によっての繁忙期がある場合は、繁忙期を避けてのカットオーバーとなります。**季節性のある製品のまとまった生産や原料調達時期の制約、棚卸といった業務都合上動かせない日程は避けます。**

　工場では、設備保全や新規設備の導入工事などもあり、工事日程との調整も必要になります。製造業は生産することが至上命令ですから、生産を止めるようなことがないようにカットオーバー計画を行います。

カットオーバーストラテジーを事前に練っておく

　カットオーバーの仕方も、立ち上げのリスクを勘案して決めます。一気にシステムを切り替えて古いシステムの使用を停止する「**ビッグバン型**」にするのか、サブシステム含め「**段階立ち上げ**」をするのか、リスクヘッジのため新旧システムの両方を稼働させる「**並行ラン**」をするのか、といったカットオーバーストラテジーをきちんと計画しておきます。

カットオーバー時のリソースプラン、定着までのリソースプラン

　カットオーバー時や定着するまで、業務側に負荷をかけることになり、事前に人の手当てもしなければなりません。たとえば、並行ランの場合、2つのシステムを同時に使うので、工数がダブルでかかります。人を外部から雇ってでも対応しなければならないケースもあります。リソースプランをきちんと行い、あまり社員に負荷をかけないようにします。

プロジェクトマネジメントのフレームワークを活用する

　プロジェクト推進にあたっては、プロジェクトマネジメントのフレームワークを活用すべきです。自社にフレームワークがあるなら、それを使いましょう。

　もし、自社にプロジェクトマネジメントのフレームワークがなければ、米国の非営利団体PMIがプロジェクトマネジメントノウハウを体系的にまとめた**PMBOK**（Project Management Body of Knowledge）を活用するのも1つの手です。PMBOKでは、プロジェクトプロセスと管理（コントロール）対象が整理されているので、**活用すれば管理精度が上がり、プロジェクトコントロールの手法が活用できます**。

　ただし、PMBOKは概念的なところも多いため、他のプロジェクトマネジメント方法論を研究し、実務的な管理体系にしなければなりません。コンサルティング会社やITベンダーなども方法論を持っているので、フレームワークを活用して、プロジェクトマネジメントを高度化します。

PMOは事務局ではない、PMサポートの要職と心得る

　よく体制図に描かれる**PMO**（Project Management Office）というプロジェクト運営のサポートチームを事務局だと勘違いする人がいます。PMOは単なる事務局ではありません。プロジェクト運営の要ですから、エキスパートでチームを固め、強いコントロール権限も持たせます。

情シス部門の強化を行っておく

　生産管理のような大きなシステム構築時は、強力な体制がないと推進力が弱くなります。情シス部門を強化しておくことが必須です。

8-12 生産管理システム導入成功の視点②
人材育成とコンサルタントの活用
社内で生産管理人材の育成は必須、コンサル採用は人で厳選

生産管理人材の枯渇と内部育成の緊急性

　生産管理システムの構築においては、社内の内部人材に生産管理のエキスパートがいなければうまくいきません。しかし、企業によっては生産管理の人材が枯渇していて、作業者しかいないといった状態もよく見かけます。

　残念なことに、日本企業の中には生産活動を"作業"と勘違いしている人がいます。生産管理を、作業の一環として目先の作業段取りを行って、指示・督促をするだけの機能と思い込んでいます。これでは、長期的な資源配分、リスク対応、営業・顧客調整、サプライヤー調整などの機能が欠落しますし、こうした低い視点では、生産管理業務のあるべき姿やシステム導入の推進などできないでしょう。

　生産管理人材を育成し、実務を担わせ、生産管理のみに閉じこもらない広い視野と他部門との連携ができる柔軟性を持たせましょう。良い生産管理システムを構築するためには、内部人材として生産管理のエキスパートを育てておかないといけないのです。生産管理システム構築の成否は人次第です。内部人材を大切に育てましょう。

生産管理構築におけるコンサルタント活用の注意点

　生産管理のエキスパートがいないならコンサルタントを雇えば良いと短絡的に考える人がいます。しかし、コンサルタントは社内の深い実情を知るわけではありません。それに、外部の人間が長期的に企業の管理の維持もしてはくれません。**コンサルタントはフレームワークや構築経験、方法論、スキルを活用するための存在です**から、全面的に依存せず、あくまで内部人材の支援の役割として認識しましょう。

生産管理システム導入成功の視点③
パッケージか? 手作りか? の選択
手作りは大変だが、パッケージもそのまま入れられるわけではない

生産管理システムをいちから手作りするのは大変

自社の生産は特殊で、管理も複雑なため、一般に売られている生産管理パッケージは合わないと断言する企業もあります。

私はそう思いません。たしかに特殊な生産方式はありますが、一般化できる機能もあるのです。特殊性を主張する方は、自社の生産管理や製造・工程管理で標準化・一般化できる部分と特殊な部分が識別できないだけなのです。

生産管理では、計画と所要量計算、指図に限定すれば、たいていの場合、パッケージベースの生産管理システムが導入可能です。 そこに、小日程計画、作業指示といった製造・工程管理を混在させたり、所要量計算とは別の作業者シフト計画などといったシステムで実現するのが困難な機能を無理に入れたりしようとするから、無理が生じるのです。

生産管理のフレームワーク化を行い、パッケージを選ぶ

パッケージシステムは、領域ごとに機能が限定されています。そこに無理な機能を担わせようとしても無理なのです。しかし、無理だからといって、いちから手作りしていては大変です。MRPやスケジューラー、MESのような高度な機能のシステムを手作りするのは大変な作業です。

本書で示したように、生産管理をフレームワーク化し、機能に適合したパッケージシステムを選んで導入し、適合しない"Gap"部分は、検討の上で追加開発（アドオン）するなり、人がカバーするなりします。**表計算ソフトで補足することも"悪"ではありません。**

限定したスコープの業務に適合したパッケージを選び、"Gap"対応をしながら導入することで対応します。

8-14 生産管理システム導入成功の視点④
クラウドか? オンプレミスか? の選択
生産管理システム(ERP)はクラウドもOK。MESは選択・判断が必要

生産活動を止めないという命題に対し、クラウドはどうか?

　工場の生産がシステムの不具合で止まるというのは避けなければいけません。**障害が起きない、障害発生時に短時間で原因追究と復旧ができるということが重要です**。

　そうした要求を考えると、生産に関わるシステムはクラウドではなく、買い取りで自社サーバーに置き、自社のインフラ上で動いているオンプレミスのほうが良いでしょう。クラウドは自社の外のサーバーにシステムを乗せて外部ネットワーク経由で使うため、障害発生時のトラブル原因の追究や切り分けが難しい場合があり、原因特定や復旧に時間がかかることがあります。生産活動が止まるようなことは避けるべきです。

　生産活動を止めないということを目指すなら、クラウドではなく、オンプレミスを採用したほうが良いでしょう。

生産管理システム (ERP) はクラウドの選択もあり

　とはいうものの、生産管理システムのような基幹システム・ERPはクラウド化の方向に動いています。生産管理の中でも計画やMRPに関わる機能はリアルタイムではなく、日次サイクルやせいぜい時間サイクルのシステム利用になるので、業務サイクルに与える影響は限定的にできます。また、**ERPなどの障害復旧は手馴れてきているので、生産管理システム（ERP）はクラウドの選択もありでしょう**。

MESは製造現場での製造指示に使うため、選択の判断が必要

　MESは製造指示にあたるので、止まると製造ができなくなります。そのため、オンプレミスかクラウドか判断が難しいところです。

生産管理システム導入成功の視点⑤
ユーザー重視と経営重視の選択
ERPはユーザーを楽にするシステムではないことを知って導入する

ERPなどの基幹システムはユーザーのためのシステムではない

　システム導入においてユーザーの使いやすさ、入力のしやすさを守るべきだと主張する経営陣がいますが、できればそうした言葉は使わないでほしいというのが本音です。**システムは仕事のためにあり、ユーザーのためにあるのではない、というのが実態です。**

　業務を標準に統制することで処理を高速化、効率化し、仕事の証跡とデータを残すことがシステムの役割です。ユーザーはシステムに従って仕事をこなし、必要があればデータをインプットする役割を担います。

　日本では、システム構築の成り立ちが作業者レベルから始まっているため、システムが作業を統制し、経営陣に証跡とデータを提供するという思想が弱いのです。全面的に悪いというわけではありませんが、日本のシステムは作業処理支援のイメージが強過ぎます。挙句、従来の作業者目線でゴリゴリに作りこんだ旧ホストのほうが良かったとなって、入力しやすい画面を作るはめになり、莫大な開発コストを投入するのです。

ユーザーの使いやすさをどこまで追求すべきか？

　使いやすいシステムというのは否定しませんが、カーソルで飛んでいくとか、入力データによって表示項目を切り替えてほしいとか、慣れが解決することをいちいちシステム化していたら、きりがありません。

　私の知るクライアントたちはERPの伝票画面は標準で使います。慣れれば問題ないのです。慣れの問題を解決することに巨額の資金を投じるというのは避けるべきです。

おわりに

生産管理には複雑さをひもといて解決する楽しみがある

　生産管理の仕事をするのは、本当に骨が折れます。工場内外の組織に対する全方位的な気配りをしつつ、1年先の計画、数カ月先の計画、数週間の計画、明日の計画、今まさに起きていることへの対策といった複数の時間軸への対処も必要です。数量、率、人数、時間、金額といった単位を変換させながらの分析・判断も必要です。因果関係も複雑です。

　書ききれないほどの複雑さの中で、問題を解決していくのは大変な作業です。それだけ生産管理という仕事が、製造業の背骨を支えているということなのです。

　この複雑な系（システム）をひもとき、解決していくというのは楽しく、やりがいのある仕事です。その仕事をシステマチックに設計し、システム化していく仕事も、また苦しくも楽しい仕事です。私が生産管理に関わる仕事を受けるときは、本当に緊張し、気合いを入れて受けるようにしています。本気にならないとできない仕事だからです。

　今さらながら、生産管理とはどんな仕事だと思いますか？　私は、世間一般や学問の世界での定義にはあまり興味はありませんが、もし、私が生産管理というものをあえて定義するならば、以下のように定義するでしょう。

　生産管理とは、サプライチェーン上の複数の組織の情報を、複数の時間軸で統合しながら、限られた資源（リソース）制約を調整して意思決定し、指示・統制を行うことで企業収益の目標達成とリスク最小化を目指すマネジメント活動である

生産管理とはどこまでいっても、合理的で計画的な経営活動なのです。しかし、その遂行は、とても人間的だと思います。

情緒的な"モノづくり"から科学的な"生産管理"に

生産という行為がとても人間的なせいか、日本の製造業は、"モノづくり"というよくわからないキャッチフレーズで人に負担をかけることを是認してきました。"匠の技"を尊重するのは理解しますが、それでは"工業"ではなく、"工芸"の世界になってしまいます。

やはり、製造業という産業に属する我々は、どこまで行っても科学的な"生産管理"を目指さなければなりません。業務プロセスを標準化し、システム化することで、効率的で、効果的な経営と実行統制の"仕組み"を作っていかなければならないのです。

そうした意味で、今まで人に支えられて競争力を保ってきた日本の製造業に、システム化による"仕組み化"でさらに競争力強化に貢献することが、我々が先人の努力に報いる手段なのです。

日本は世界に冠たる製造業の国です。こんなにまじめに品質を追求し、モノを作りこんでいくのは、一種の才能であり、かけがえのない資質なのです。そこに、合理的で科学的な態度を接ぎ木することで、逆に人を大切にし、環境を守り、永続性を担保する投資を促し、再び日本の製造業を世界に冠たる製造業の国として復活させることができるのです。

日本の製造業が、もっとワクワクするモノを、世界最高の品質と効率で作り出す能力を、再び手にすることを願います。

　

最後になりますが、私はたくさんの製造業の方に育てていただきました。その方々への私の貢献は微々たるものだったかもしれません。そして、少しでも恩返しになればと思い、この本を書きました。この本が現在もそしてこれからも、日本の製造業を支える方々に少しでも役立つものになれば幸いです。

2021年3月　石川和幸

生産管理システム

索引

た行

262

早稲田大学政治経済学部政治学科卒、筑波大学大学院経営学修士。

日本能率協会コンサルティング、アンダーセン・コンサルティング（現、アクセンチュア）、日本総合研究所などを経て、サステナビリティ・コンサルティングを設立、代表を務める。

専門は、ビジネスモデル構想、SCM構築・導入、ERPシステム導入、管理指標導入、プロジェクトマネジメントなど。

著書に『エンジニアが学ぶ物流システムの「知識」と「技術」』（翔泳社）、『この1冊ですべてわかる SCMの基本』『図解 生産管理のすべてがわかる本』『在庫マネジメントの基本』『図解でわかる 販売・物流管理の進め方』（以上、日本実業出版社）、『なぜ日本の製造業はもうからないのか』（東洋経済新報社）、『思考のボトルネックを解除しよう！』『「見える化」仕事術』（以上、ディスカヴァー・トゥエンティワン）、『図解 よくわかるこれからのSCM』（同文舘出版）などがある。

URL　　https://susco.jp/

Mail　　kazuyuki.ishikawa@susco.jp

装丁・本文デザイン　　FANTAGRAPH（ファンタグラフ）
カバーイラスト　　　　岡村 慎一郎
DTP　　　　　　　　一企画

**エンジニアが学ぶ生産管理システムの
「知識」と「技術」**

2021年4月19日　初版第1刷発行
2024年5月25日　初版第4刷発行

著者　　　　石川 和幸（いしかわ かずゆき）
発行人　　　佐々木 幹夫
発行所　　　株式会社 翔泳社（https://www.shoeisha.co.jp）
印刷・製本　株式会社 加藤文明社印刷所

©2021 Kazuyuki Ishikawa

本書は著作権法上の保護を受けています。本書の一部または全部について（ソフトウェアおよびプログラムを含む）、株式会社 翔泳社から文書による許諾を得ずに、いかなる方法においても無断で複写、複製することは禁じられています。
本書へのお問い合わせについては、ⅱページに記載の内容をお読みください。
落丁・乱丁はお取り替え致します。03-5362-3705までご連絡ください。
ISBN978-4-7981-6267-6　　　　　　　　　　　　　Printed in Japan